地方公務員試験

東京都・特別区の
パーフェクト時事

JN098312

コンテンツ

東京都と特別区の試験では時事が合格ライン超えの決め手に！

◎東京都と特別区で時事は外せない！

公務員試験でも東京都（都庁）、特別区（東京23区）の採用試験は、**時事の重要性が高い**ことで知られています。教養試験の「社会事情」という科目として、2022年度の東京都で5問、特別区で4問出題されています。

それぞれ問題全体に占める割合は12.5％、10％（全40問の場合）と、**合格ライン6〜7割といわれる各試験では、決してあきらめることのできない科目**となります。

なおかつ東京都では、社会科学系の問題に時事の内容が出されるケースもあります。すなわち、多いときで実質的に40問中6〜7問の時事の出題があり、選択解答ができない**東京都においては、「時事対策をしない＝受からない」**、という図式が自ずと浮かび上がってきます。

「そんなことはわかっている」という受験者も多いことでしょう。問題なのは「どう対策したらよいかがわからない」ことだと思います。

◎「一般常識」ではとても太刀打ちできず

公務員試験ほど、出題範囲が広い「資格試験」はそうありません。その中で、時事という日々アップデートされる膨大な情報を学んでいくことは至難のワザです。

「新聞やニュースに触れていれば十分」という人もいますが、ちょっと知った程度の「一般常識」では試験に対応することはできないでしょう。「それならば」と、書店に並んでいる時事対策本を手に取ることになりますが、**正直、あれもこれもと盛り込みすぎて、なかなか的を射たテキストが見あたらないのが実情**です。

結局、結構な時間を費やして対策本を丸暗記したものの、不合格という残念な結果になりがちです。

◎時事は的を絞って対策すれば必ず結果につながる

しかし、東京都と特別区の傾向をしっかりとつかんで学習すれば、実は確実に得点につながります。東京都と特別区の時事では、出題されるテーマに特徴があるからです。

◆ 2022年度に「社会事情」として出題された時事

東京都 （Ⅰ類B）	白書「令和3年版　環境白書、循環型社会白書、生物多様性白書」
	政治「まち・ひと・しごと創生基本方針」
	政治「デジタル庁」
	社会「ヤングケアラー支援」
	国際「EPA（経済連携協定）」
特別区	法律「デジタル改革関連法」
	国際「ドイツ総選挙・新政権」
	国際「包括的経済連携 RCEP」
	文化「世界遺産」

　それは、**「国際会議」「法律」「白書」「国際」の4大テーマが中心と**なっていることです（東京都）。**特別区でも、「国際会議」「法律」「国際」は重要テーマ**。出題されるのがわかっているならば、対策しない手はありません。ほかにも「**政治**」、「**経済**」なども出題されやすいテーマ。これらを、集中的に学習しておけば、恐れることはありません。

　限られた時間を大事にし、無駄な学習は極力しないことが、東京都と特別区における時事対策の鉄則といえます。

◎時事問題は不得意科目を
　カバーする最後の切り札

　特に、苦手科目がある人にとっては、時事は強力な切り札です。数的処理系に自信が持てない人は少なく

ないかと思いますが、仮に数問そこで落としたとしても、時事でカバーできると考えられれば気もラクになります。余計なプレッシャーを受けることなく、実力を出し切ることもできるでしょう。

　東京都であれば、40問中24問が知能分野であり、うち16問が判断推理、数的推理、資料解釈です。合格ラインを6〜7割と考えるのであれば本来10問は正解しなければなりません。しかし、**時事対策がきっちりできていれば、仮に半分の8問を落としたとしても、合格の可能性は十分にあります。**

　特別区は48問中40問を選ぶ選択解答制ですので、出題数以上に時事対策の効果が発揮されます。2021年度の時事（社会事情）の出題は4問でしたが、時事が対策済み

であれば、**苦手な科目の問題を外すことができるからです。**

◎**東京都と特別区の試験に絞り込んだ唯一のテキスト＆問題集**

　時事を切り札として使えるかどうかは、いかに実際の試験に則した準備ができるかということに尽きるでしょう。

　下の表をご覧ください。前ページでも述べた通り、東京都と特別区は傾向がかなり固定化されています。だからこそ、限られた時間内で本当に役立つ勉強を行うことができれば、時事をしっかりと得点につなげることができるのです。

　本書は、**東京都と特別区の採用試験の対策に絞り込んだ唯一のテキスト＆予想問題集**です。出題の予想される内容をきっちりと押さえ、論点を深く掘り下げることで、最速で時事問題を解く力を身につけることができます。本書を使って、ぜひとも東京都と特別区の時事を攻略し、合格を勝ち取ってください。

◆過去に出題された時事

試験種類	東京都（I類B）						特別区					
年度	2017	2018	2019	2020	2021	2022	2017	2018	2019	2020	2021	2022
国際会議	▲	●	●							●		
法律	◎	●	●	●				●	◎			●
白書	●	●	●	◎	●	●						
国際	●	●	●	●	●	●	◎	●	●	●	●	◎
政治・政策（選挙・国内政策）		●	●	●	●	◎	●	●	●	●	◎	
政治・政策（外交）												
経済（国内経済）											●	
経済（国際経済）												
社会						●						
最高裁判決	●											
文化（世界遺産その他）							●					●
文化（ノーベル賞）								●		●		
その他（宇宙開発等）												

※赤丸は頻出テーマ。　◎＝同年に2問出題　▲＝小問での出題

本書の特徴

特徴①　東京都と特別区の教養試験・時事問題に完全対応！
東京都のⅠ類A、Ⅰ類Bの時事問題、特別区Ⅰ類の時事問題（全区分）に対応しています。

特徴②　過去問10年分を完全分析、効率的な学習を可能に！
過去10年の各試験過去問を完全分析。効率的かつ確実に得点アップをねらえます。

特徴③　テーマごとのわかりやすい解説で理解度アップ！
単なるつめこみ学習にならないよう配慮。時事を問われる面接でも生きてきます。

特徴④　予想模擬問題で実戦力が大幅アップ！
4つの最頻出テーマを中心に全32問を、解説とともに掲載しています。

試験種類に応じた出題予想。
★の数が多いほど出る可能性大

試験に出やすいキーワード
やセンテンス

テーマ解説　時事解説編

4つの最頻出テーマを中心に、過去問を分析したうえで、出題が予想されるテーマをピックアップ。東京都と特別区に特化した試験対策が可能です。

豊富な図表

ミニ試験問題で
しっかりインプット

解いた問題を
チェックするボックス

試験のポイント
＆解説

予想模擬問題　問題演習編

2022年度試験での出題を予想した模擬問題。実際の試験のレベルと出題形式にもとづいて作成された問題なので、実戦力の向上に役立ちます。各ジャンルの冒頭には、過去問＆傾向と対策も掲載。

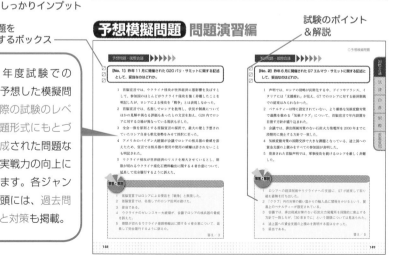

※本書は令和4年12月末時点での情報をもとに執筆されています。

時事解説編　最頻出テーマ時事対策

国際会議　⓬

法　律　⓴

白　書　48

国　際　72

時事解説編 重要度別テーマ時事対策

重要度 A 102

重要度 B (122)

※以上 63 ～ 67 は「国際」「政治」でも比較的重要度の低い内容

重要度 C (138)

問題演習編 **予想模擬問題**

時事解説編

最頻出テーマ
時事対策

毎年出題されている最頻出の４大テーマをピックアップ。東京都と特別区を受けるなら、最低限これらのテーマだけは絶対に押さえておかなければなりません！ 「出題予想」を参考に効率的に学習しましょう。

国際会議

法律

白　書

国際

国際会議
G20 バリ・サミット

ここが出る！
首脳宣言で直接ロシアを批判せず

出題予想　東京都：★★★
特別区：★★☆

インドネシア・バリで開催された G20

　主要 20 カ国・地域首脳会議（G20 サミット）が、2022 年 11 月にインドネシアのバリ島で開催されました。この会議には、先進国に新興国を加えた主要国の首脳に加えて、国際通貨基金（IMF）、世界銀行、経済協力開発機構（OECD）などの国際機関も例年参加。会議ではウクライナ問題や、食料・エネルギー安全保障、国際保健、デジタルトランスフォーメーション（DX）といった課題について議論が行われました。

◎**ロシア批判を避けた首脳宣言**

　世界経済においては、回復に向けた協力で一致。採択された首脳宣言では、ロシアによるウクライナ侵攻が世界経済に悪影響をおよぼすとして、参加国のほとんどがウクライナでの侵攻を強く非難したことを明記。ロシアによる侵攻を「戦争」と表現して、非難の意思を強調しました。

　その一方で、名指しでのロシア批判は避け、状況や制裁について、ほかの見解や異なる評価もあったとの文言を加え、G20 内でロシアに対する立場が異なっている現状を表明。G20 の首脳宣言は全会一致が原則であるため、ロシア制裁などに異論が出たことも盛り込み、主要 7 カ国とロシア側の双方の主張を反映することで折り合いをつけた形です。

ロシアの軟化姿勢とウクライナの参加

　宣言採択の最大の壁と予想されていたロシア自身も軟化姿勢をみせました。プーチン氏の代理として出席したラブロフ外相は、西側諸国が宣言を政治化しようとしているとしたうえで、「西側は多くの国がロシアを批判したとの文言を追加し、我々は別の観点を記録に残した」と冷静に分析しています。

　一方、オブザーバーとしてオンラインで参加したウクライナのゼレンスキー大統領は、会議でロシアの核兵器の脅威を訴えました。それを踏まえて宣言では、核兵器の使用や使用の威嚇は許されないことも明記されました。

物価高騰への取り組み

各国が懸念を示すエネルギー価格高騰など、<u>インフレに対しては「価格上昇の影響を緩和するために、一時的で対象を絞った支援を提供する」</u>とし、G20で協調した取り組みを続けていくとしています。

◎ウクライナ侵攻の影響

また、ウクライナ侵攻が世界経済にさらなる悪影響をおよぼすとの認識を示したうえで、「紛争と緊張によって悪化した世界の食料安全保障の課題を深く憂慮する」などと指摘。<u>戦争が食料危機など世界経済のリスクを増大させている</u>とし、期限が切れるウクライナ産穀物輸出に関する4者合意について、延長して完全履行するように訴えました。

● G20における日本の表明

❶食糧問題	農産物市場情報システム（AMIS）の強化による市場の透明性確保、供給源・供給経路の多角化・強靱化を実現するとし、途上国等の国内生産能力強化も進めていく必要性を強調。
❷エネルギー	2050年ネット・ゼロ（大気中の温室効果ガスと大気中から除去される温室効果ガスが同量の状況）の中長期的な目標を掲げることが重要。「アジア・ゼロエミッション共同体構想」の実現に向けて取り組んでいく考えを表明。

UPプラス情報

ロシアによるウクライナ侵攻後、原油の国際価格は一時4割、小麦は6割値上がりした。ウクライナとロシアは世界的な穀倉地帯で、さらにロシアは有力な産油国なだけに、ウクライナ危機でこれらの需給の悪化が懸念され、価格の高騰につながった。

ミニ試験問題に
チャレンジ 間違っているのは**どっち？**

1 採択された首脳宣言では、ロシアによるウクライナ侵攻が世界経済に悪影響をおよぼすことを明記している。

2 首脳宣言の採択にあたり、ロシアは姿勢を硬化させたため、全会一致とはならなかったものの宣言を採択した。

答え：2　ロシアは軟化姿勢をみせ、全会一致で宣言を採択した。

国際会議
G7 エルマウ・サミット

ここが出る！
気候クラブ設置を盛り込んだ首脳宣言

ロシアに対する姿勢で結束

　2022年6月、ドイツ南部のエルマウでG7サミット（主要7カ国首脳会議）が開催されました。発表された首脳声明では、<u>軍事侵攻を続けるロシアを厳しく非難するとともに、ロシアへの経済制裁やウクライナへの支援に結束して取り組む姿勢</u>を打ち出しています。ロシアの侵略が長期化する中、ドイツやフランス、イタリアには早期停戦を探るなど「支援疲れ」が見える中、改めてG7での結束をみせた形です。

　また声明では、中国が軍事活動を活発化させる東シナ海の状況に深い懸念が示され、弾道ミサイルの発射を繰り返す北朝鮮への非難も盛り込まれました。

気候クラブ設置の方針を首脳制限に盛り込む

　焦点になったのは気候変動対策で、会議で採択された首脳宣言では、<u>より厳格な気候変動対策で連携を強める「気候クラブ」の年内設置をめざす方針</u>が盛り込まれました。ノーベル経済学賞受賞の米エール大のノードハウス教授が提唱する「気候クラブ」は、参加国は温室効果ガス排出量を厳しい水準で管理し、「クラブ」外の対策の緩い国からの輸入品に関税をかけるというもの。各国は、貿易上のペナルティーを避けるため、クラブに参加するという選択がなされる枠組みになります。

◎ EU に対するメリット

　ドイツのショルツ首相が強く推し進める「気候クラブ」は、EUにとっては公正な国際競争の環境を確保できるメリットがあり、<u>EU域内の企業が規制の緩い国に生産拠点を移すことを防止する役割</u>も果たします。すでにEUは規制の緩い国からの輸入品に、関税をかけるしくみを導入する方針を掲げました。

　気候クラブのメンバーに課す条件など制度設計はのちに検討される予定で、G7の中でも二酸化炭素に価格付けして削減を促すカーボンプライシングが国レベルで普及していない日本やアメリカとの間では温度差も大きいとされており、

国際的な広がりをみせるかは課題も残ります。

気候変動対策の方針

　会議では、排出削減対策のない石炭火力発電所を段階的に廃止する方針で一致しましたが、ドイツが提案する「2030年までに」という期限については、電力部門と並んで脱炭素の加速を促している道路部門で、目標に反対する日本の意向もあって見送られました。当初案では2030年までに電気自動車などゼロエミッション車の販売に占めるシェアを50%にすると盛り込んでいたことが大きな理由です。

　また、気候変動対策の国際交渉で大きな課題となっている、途上国への資金支援の上積みを表明する国はありませんでした。

◉ G7での気候変動に関する主な表明

❶　排出削減対策のない石炭火力発電所の廃止

❷　2035年までに電力部門の全部もしくは大部分を脱炭素化

❸　排出削減対策のない化石燃料への新規の国際的な直接支援を2022年末までに終了

❹　ロシア産石油の取引価格の上限設定などアプローチを検討

中東やアフリカには、ロシアやウクライナからの穀物輸入が多く、厳しい対露制裁を科す欧米と距離を置く国も少なくないが、ロシアの侵略で深刻化した世界的な食料危機に対応するため、約45億ドル（約6100億円）をG7が拠出することも決定。

ミニ試験問題に チャレンジ　間違っているのは どっち？

1　首脳宣言では、より厳格な気候変動対策で連携を強める「気候クラブ」の設置をめざす方針が盛り込まれた。

2　参加国のすべてが、気候変動対策の国際交渉で大きな課題となっている、途上国への資金支援の上積みを表明した。

答え：2　途上国への資金支援の上積みを表明した国はなかった。

国際会議

法律

白書

国際

国際会議
ASEAN 関連首脳会議／ APEC

ここが出る！
ミャンマーは不参加

出題予想 東京都： ★★★

特別区： ★★☆

安全保障や気候変動問題を議論した ASEAN 関連首脳会議

　2022 年 11 月、ASEAN 関連首脳会議がカンボジアの首都プノンペンで開かれ、日本は東アジア首脳会議、日 ASEAN 首脳会議、ASEAN プラス 3（日中韓）首脳会議、ASEAN グローバル対話に相次いで加わりました。議長国カンボジアのフン・セン首相は、今回の関連会議において安全保障や気候変動など 100 の分野で合意に至ったことを強調しました。

◎**南シナ海をめぐる米中の主張**

　東アジア首脳会議には、中国が強権的な支配を強めるインド太平洋地域や、ロシアのウクライナ侵略をめぐってアメリカと中露の対立が深まる中、米中露と ASEAN など 18 カ国が参加。岸田首相やアメリカのバイデン大統領、中国の李克強首相、ロシアのラブロフ外相らが出席しました。

　バイデン大統領は「ASEAN を中心とするインド太平洋地域に対するアメリカの永続的な関与」を強調。東シナ海や南シナ海をめぐっては「航行や上空飛行の自由は尊重されるべきで、あらゆる争いは国際法にのっとって平和的に解決されるべきだ」と表明しました。

　一方、中国の李首相は「南シナ海の平和や安定、航行の自由を維持することは、中国と ASEAN が署名した『行動宣言』の精神にのっとってなされるべき」と主張。南シナ海への関与を強めるバイデン政権をけん制しました。

会議に招待されなかったミャンマー

　一連の会議では、ASEAN が合意した「暴力の即時停止」など 5 つの項目の早期実施に向けて、具体的な期限を設けた実施計画を策定する方針を確認。しかし、会議を欠席したミャンマー国軍側は、この方針が発表された当日に「関係国が関与していない議論や決定には反対する」と強く反発する声明を発表しました。今回の会議には、クーデターで国軍が全権を掌握したミャンマーのトップは招待されることなく、議長国カンボジアはミャンマーに対して「政治に関わらない人

物」の出席を求めていましたが、ミャンマーはこれを拒否しました。

　ミャンマーに対する強い措置が打ち出せない中、情勢改善に向けた進展がみられないまま、合意内容の見直しも迫られる結果となりました。また、<u>ミャンマー情勢をめぐっては、参加国間で意見の隔たり</u>がみられました。

4年ぶりの対面開催となった APEC

　2022 年 11 月に開催された、タイのバンコクで行われたアジア太平洋経済協力会議（APEC）の首脳会議には、日本やアメリカ、中国など 21 カ国・地域が参加。日本からは岸田首相、中国からは習近平国家主席、アメリカからはハリス副大統領が出席し、対面での開催は 4 年ぶりとなりました。

　首脳宣言では、ロシアのウクライナ侵攻について「ほとんどの国が強く非難した」と明記する一方、<u>西側諸国の対ロシア経済制裁に「異論」が出たと両論併記することで宣言を採択、決裂を避けるため G20 サミットの首脳宣言と同じものとなりました。</u>声明の文言が一言一句同じというのは極めて異例なことです。

　また、首脳宣言とは別に「バンコク目標」をとりまとめています。

● バンコク目標の概略

- ❶ 異常気象や気候変動などの課題への取り組み支援
- ❷ 環境政策と補完し合う貿易と投資
- ❸ 天然資源の保全や管理の促進

2021 年、ミャンマーでクーデターが勃発。軍出身のミンスエ副大統領が暫定大統領となり、非常事態宣言を発出し、国軍が政権を掌握した。ミン・アウン・フライン国軍総司令官に全権力が委譲され、フライン氏が事実上の国家指導者となったことを宣言。

ミニ試験問題に **チャレンジ** 間違っているのは

1 ASEAN 関連首脳会議には、クーデターが勃発し、国軍が政権を掌握したミャンマーに対してカンボジアは出席を求めなかった。

2 採択された首脳宣言には、G20 サミット同様、西側諸国の対ロシア経済制裁に「異論」が出たと両論併記された。

答え：1　カンボジアは政治に関わらない人物の出席を求めた。

最頻出

4

国際会議
国連気候変動枠組条約第 27 回締約国会議

ここが出る！
地球温暖化の被害支援のための基金創設

東京都：★★★

特別区：★★☆

化石燃料回帰の動きもある中での気候変動対策

2022 年 11 月、エジプトのシャルムエルシェイクで国連気候変動枠組条約第 27 回締約国会議（COP27）が開催されました。ロシアによるウクライナ侵攻後のエネルギー危機で、化石燃料回帰の動きもある中、気候変動対策の停滞を食い止められるかが注目された会議となりました。

◎途上国側が求めた新たな基金創設

会議の主要議題は、気象災害の激甚化などを背景に、途上国側が新たな基金創設を求めた点です。

先進国は既存の支援のしくみを活用することを主張したため、交渉は難航、期日の延長までがされた会議で EU やアメリカ、イギリスなどが基金新設案を提案、合意しました。地球温暖化の被害支援に特化した国際的な基金の設立は初めてとなります。

気候変動の悪影響にともなって生じた「損失と被害（ロス＆ダメージ）」に対する資金支援に特化したしくみは、これまで特段ありませんでした。気候変動にともなう海面上昇などの影響を受ける島しょ国など途上国側は、30 年あまり前から被害への支援を求めてきましたが、補償のしくみを作ることに反対する先進国側と対立が続いていたという経緯があります。

会議の決定文書では、新たな基金での支援の対象を「気候変動の悪影響に対して特に脆弱な途上国」とし、基金設立に向けた専門の委員会で支援の具体的な対象範囲や資金調達のあり方などを検討したうえで、翌年の COP28 までに詳細を決めることを盛り込んでいます。

世界共通目標「1.5 度」の再確認

採択されたシャルムエルシェイク実施計画には、「産業革命前からの世界の平均気温の上昇を 1.5 度に抑えるためのさらなる努力を追求する」ことを明記。COP26 において、気候変動対策の国際枠組み「パリ協定」で努力目標だった「1.5

度」を事実上の世界共通目標に引き上げましたが、同様の表現を今回も踏襲したことになります。

◎実施計画で合意された温室効果ガス排出削減対策

シャルムエルシェイク実施計画では、温室効果ガス排出削減対策が講じられていない石炭火力発電の「段階的削減」や、非効率な化石燃料への補助金の「段階的廃止」などを盛り込みました。

「化石燃料の段階的廃止」など COP26 よりさらに踏み込んだ対策を求める意見も出ましたが、合意は見送られ、実施計画には盛り込まれませんでした。

◯ COP27 合意の骨子

❶　産業革命前からの気温上昇を 1.5 度に抑えるための努力を追求。

❷　1.5 度実現には 2030 年までに世界の温室効果ガス排出量を 2019 年比 43%削減することが必要であると認識。

❸　排出削減対策が講じられていない石炭火力発電の段階的削減、非効率な化石燃料への補助金の段階的廃止に向けた努力を加速。

❹　「損失と被害」支援に特化した基金を設立。

❺　途上国に年 1000 億ドルの資金援助をする目標を実行するよう先進国に要請。

2030 年までの行動計画も発表。7 分野で 30 項目の目標を掲げ、「食品ロス」は、1 人当たりで 2030 年までに 2019 年の半分に減らすよう求めている。さらに、温暖化に強い作物に替えること、大豆を使った代替肉を増やすことなども挙げている。

ミニ試験問題にチャレンジ　間違っているのは どっち？

1　会議で EU やアメリカ、イギリスなどが基金新設案で合意。地球温暖化の被害支援に特化した国際的な基金の設立は初めて。

2　シャルムエルシェイク実施計画では、「産業革命前からの世界の平均気温の上昇を 2.0 度に抑えるためのさらなる努力を追求する」ことを明記。

答え：2　平均気温の上昇を 1.5 度に抑えるため、さらなる努力を追求することを明記。

最頻出

5

法律　法人等による寄付の不当な勧誘の防止等に関する法律

被害者救済法

ここが出る！
宗教法人などが勧誘する際の配慮義務

出題予想

東京都： ★★★

特別区： ★★★

悪質な寄付の勧誘を禁止

　2022年12月、世界平和統一家庭連合（旧統一教会）問題を受けた被害者救済法が成立しました。自民党・公明党の与党と、立憲民主党、日本維新の会、国民民主党などの賛成多数での成立となり、宗教団体などの法人を対象に悪質な寄付の勧誘を禁止する内容になります。

◎寄付勧誘時の法人の配慮義務規定を修正

　法案の可決にあたっては、自民、立憲などが共同で、寄付勧誘時に法人が配慮しなければならない配慮義務規定を「十分に配慮」とより強い表現に修正し、施行後3年をめどとしていた見直し規定も2年に短縮されました。また、配慮義務の具体例を示すなどして国民に周知することを求める付帯決議を採択しています。今回の法改正にともない、霊感商法の被害救済に向けた消費者契約法と国民生活センター法の改正案も全会一致で可決しています。

勧誘する際の配慮義務

　被害者救済法案では、宗教法人などの団体が勧誘をする際に3つの「配慮義務」を定めています。具体的には、①自由な意思を抑圧しない、②寄付者やその家族の生活維持を困難にさせない、③勧誘する法人を明らかにし使途を誤認させない、を規定。義務が順守されない場合は、法人に報告を求め、行政による勧告や法人名の公表を行うとしています。

◎子どもや配偶者が返還を求めることが可能に

　また、寄付者を困惑させる不当な勧誘も定義されています。例えば、不安をあおり、不安につけ込むことや威迫などを罰則付きの禁止行為とし、寄付の取り消しの対象としています。借金をしたり、生活に不可欠な資産を処分したりして資金調達するよう求めることも禁じています。

　禁止行為があり、国の措置命令に従わない場合は、1年以下の懲役または100万円以下の罰金を科します。扶養されている子どもや配偶者についても、

寄付した本人に代わって扶養の範囲内で返還を求めることが可能になります。

法律に盛り込まれた禁止行為違反とほぼ同じ措置

宗教法人などが配慮義務を怠った場合は行政機関が勧告し、従わなければ法人名を公表できるようになります。また、必要な場合は団体に報告を求めるとし、従わなければ罰則規定はないものの禁止行為の違反とほぼ同じ措置を盛り込んでいます。立憲民主党、日本維新の会は、3つの配慮義務は禁止規定とは異なり、違反しても罰則の対象にならないため禁止規定に格上げするよう求めてきましたが、この点については今回は反映されませんでした。

◎ 被害者救済法の概要

対象
個人から法人・団体への寄付

配慮義務
①自由な意志を抑圧しないようにする
②生活の維持を困難にしないようにする
③寄付の相手方と使途を誤認させない

個人　　法人・団体

禁止行為
寄付を勧誘する際、次の行為で困惑させること
①不退法
②退去妨害
③退去困難な場所へ同行
④威迫する言動を交え相談の連絡を妨害
⑤恋愛感情に乗じ関係破綻を告知
⑥霊感などを用いた告知

取り消し可能
借り入れや、住宅、生活の維持に欠かせない事業用資金の処分によって資金調達を要求すること

禁止行為に対する行政措置
報告徴収、勧告、命令

罰則
虚偽報告
50万円以下の罰金

命令違反
1年以下の拘禁刑、100万円以下の罰金

家族の救済
子や配偶者が将来受け取れるはずの養育費などの範囲内で、寄付の取り消し権と返還請求権を行使できる

UPプラス情報

2022年7月に発生した安倍元首相銃撃事件を発端に、問題が旧統一教会の問題が表面化。事件の被疑者の母親が多額の献金で破産していたなど、協会側による高額献金の要求で信者の家庭が崩壊するケースが表面化し、新法成立につながった。

ミニ試験問題にチャレンジ　間違っているのはどっち？

1 寄付者を困惑させる不当な勧誘も定義されたが、不安をあおり、不安につけ込むことは禁止行為としていない。

2 宗教法人などが配慮義務を怠った場合は行政機関が勧告し、従わなければ法人名を公表できるように内容が改められた。

答え：1　不安をあおり、不安につけ込むことは罰則付きの禁止行為とした。

最頻出 6

法律
経済安全保障推進法

ここが出る！
4分野で構成される法律

出題予想　東京都：★★★　特別区：★★★

国民生活の安心安全を守る法律

　2022年6月、岸田政権が看板政策の一つに掲げる経済安全保障推進法が成立しました。この法律は、国民生活の安全・安心につながる物資の安定的な調達や、先端技術の育成・保全などをはかるため、国の民間への関与を強める法律になります。

　成立にあたっては自民、公明両党に加えて、立憲民主党など一部野党も賛成。ロシアのウクライナ侵攻もあり、有事の際に強い姿勢で臨むには供給に不安がない体制が重要になるとの意見で一致しています。

重要物資の安定供給確保

　経済安全保障推進法は、重要物資の安定確保と重要技術の開発支援、基幹インフラの事前審査、特許非公開の4分野で構成されています。国際秩序を揺るがす中国やロシアを念頭に、経済依存度のリスクを減らし、重要物資の安定供給確保をはかります。さらに、先端技術流出やサイバー攻撃のリスクを減らすねらいもあり、2023年から段階的に施行されます。

　ただし、導入が望まれていた機密情報を扱う人員を制限するための資格制度である「セキュリティー・クリアランス（適格性評価）」などは今回見送られることになりました。

◎特定重要物資の関連産業向けの財政支援

　経済安全保障推進法では、供給が止まると国民の生活に影響する「特定重要物資」の要件を定めた指針を決定。半導体、レアアースなどの重要鉱物、蓄電池、医薬品などを「特定重要物資」に指定し、対象物資の関連産業向けの財政支援は厚くするとしています。

　サプライチェーン（供給網）強化に向けての資金援助も国は実施。供給の滞りを避けるため、企業の原材料の調達先や在庫を調査する権限を国に持たせ、公的な支援を受けている場合に調査を拒めば罰則が科されるルールも作られています。

インフラ保護と重要技術の開発支援、特許非公開

基幹インフラに安全保障上の脅威となる外国製品が入らないためのしくみも設定。電気や金融、鉄道などの基幹インフラ14業種を対象として、サイバー攻撃など安全保障上の脅威となる製品や設備が使われていないかを審査します。

また、人工知能（AI）などの先端技術開発の官民協力を推進。今後の産業の競争力を左右する分野ごとに協議会を設立し、5000億円規模の政府の経済安保基金を創設して民間の研究開発を支援する方針。さらに核や武器の開発につながる技術は特許を非公開にする制度も新設しています。

◎経済安全保障推進法の４つの分野

供給網の強化 施行	公布後9カ月以内
半導体など戦略物質の国内調達を財政支援。調達先や保管状況を国が管理	

インフラの安全確保 施行	公布後1年6カ月〜1年9カ月以内
電気や金融など14業種で国が導入設備を事前に審査。サイバー攻撃のリスク軽減	

先端技術の官民協力 施行	公布後9ヶ月以内
AIや量子の研究開発に国が資金支援。官民協議会を設け情報を共有	

特許の非公開 施行	公布後2年以内
軍事転用の恐れがある技術の流出を防ぐ目的で一部の特許情報を非公開	

キーワード　「セキュリティー・クリアランス」…欧米などでは義務付けられている、公的機関や関連する民間企業が人を採用する際の適格性審査のシステム。従事するポジションのランクが上がれば上がるほど、必要とされるクリアランスレベル（条件）も上がる。

ミニ試験問題に
チャレンジ　間違っているのは**どっち？**

1 経済安全保障推進法は、エネルギーの安定確保と重要技術の開発支援、基幹インフラの事前審査、特許非公開の４分野で構成されている。

2 経済安全保障推進法では、半導体、レアアースなどの重要鉱物、蓄電池、医薬品などを「特定重要物資」に指定している。

答え：1　エネルギーではなく重要物質の安定確保が正しい。

国際会議
法律
白書
国際

法律
刑法改正

ここが出る！
拘禁刑で再発防止教育などに注力

拘禁法を創設する改正

2022年6月、懲役と禁錮の両刑を一元化し、「拘禁刑」を創設する改正刑法が成立しました。今回の改正は、懲役の受刑者に刑務作業を一律に義務づけている制度を見直し、受刑者の年齢や特性に合わせて作業と指導を柔軟に組み合わせた処遇を行えるようにするというものです。刑法制定以来、刑の種類が変更されるのは初めてのことです。

国会の決議では、自民・公明両党に加えて、日本維新の会、国民民主党などの賛成により成立しています。

意義が薄れた懲役と禁錮の区別

受刑者の高齢化が進む日本の刑務所では、2020年の65歳以上の受刑者が2000年の2.4倍の2143人にまで増加しており、体力の衰えなどから作業が困難なケースも増えていました。また、若年受刑者も含めて作業時間に縛られて、再犯防止に必要な指導や教育を受ける時間が限られてしまうという課題も指摘されていました。

2020年に新たに入所した受刑者のうち、禁錮刑は0.3%にすぎないことに加え、禁錮受刑者の約8割は自ら望んで作業をするという現状もありました。懲役と禁錮を区別して維持する意義は薄れ、再犯防止教育や矯正指導に注力できる刑への転換が必要だったというのが今回の改正の背景にあります。

◎適用対象は施行後に行われた犯罪

拘禁刑が導入された後は、高齢者に出所後を見据えたリハビリを重点的に施したり、薬物依存や性犯罪の受刑者に矯正プログラムをより多く受講させたりすることができるようになります。

なお、拘禁刑の適用対象は施行後に行われた犯罪になり、施行前に懲役・禁錮の判決が確定していた受刑中の者には、引き続き懲役・禁錮の両刑が執行されることになります。

侮辱罪に懲役刑を導入

改正法では、SNS上のひぼう中傷対策を強化するため、公然と人を侮辱した行為に適用される侮辱罪に懲役刑を導入し、法定刑の上限が「1年以下の懲役・禁錮」と「30万円以下の罰金」に引き上げられます。

衆議院での審議では、改正法の施行から3年後に表現の自由を不当に制約していないかなどを検証し、そのうえで必要な措置を講じることを付則に盛り込むという修正がされています。

執行猶予を付けることができる量刑を引き上げ

執行猶予についても改正されています。保護司などの指導や監督のもと（保護観察）で社会生活を送るケースでは、従来、執行猶予中に犯罪を犯した場合、保護観察の対象の人は実刑となり、対象ではない人は再犯の量刑が1年以下であれば再び執行猶予を付けることができました。

しかし、改正法では再発防止の観点から、保護観察中に再び罪を犯した場合でも執行猶予を付けることができるようにし、2回目の執行猶予を付けることができる再犯の量刑を2年以下に引き上げています。保護観察の対象で2回目の執行猶予が付いた人への対策強化のため、保護観察所が少年鑑別所に対して適切な指針を示す「鑑別」について、刑務所などが依頼する対象者を20歳以上の受刑者にも拡大し、個々の特性に応じて活用できるようにしています。

日本弁護士連合会は、意見書で侮辱罪は処罰の対象が広いため、政治的意見などの正当な論評も萎縮させ、表現の自由をおびやかす懸念があると表明。法定刑の引き上げにより逮捕・勾留されて長期間、身体拘束されることになることも指摘している。

ミニ試験問題に
チャレンジ 間違っているのは**どっち？**

1 懲役と拘禁の区別をなくす禁錮刑の創設で、再犯防止教育や矯正指導に注力することが可能になる。

2 改正法では、SNS上のひぼう中傷対策を強化するため、公然と人を侮辱した行為に適用される侮辱罪に懲役刑を導入している。

答え：1 懲役と禁錮の区別をなくす拘禁刑が創設された。

国際会議
法律
白書
国際

法律
改正民事訴訟法

ここが出る！
3つの柱からなる手続きの IT 化

出題予想

東京都： ★★★

特別区： ★★★

民事裁判での手続きの IT 化

　2022 年 5 月、民事裁判での手続きの IT 化などを盛り込んだ改正民事訴訟法が成立しました。法改正により、訴状の提出から口頭弁論、裁判記録の閲覧まで IT で運用できるようになります。

　また、裁判終結までの期間についても短縮されるなど、民事裁判の使いやすさを高めることを意図した改正がなされています。

◎**海外に比べて遅れていた民事訴訟の IT 化**

　日本の民事訴訟は書面や対面での手続きが原則になっており、海外に比べて IT 化が遅れていたという状況がありました。今回の改正でデジタル技術を取り入れることにより、民事裁判を国民が利用しやすくするのがねらい。段階的に制度を導入し、2025 年度中の全面施行となる予定です。

3つの手続きの IT 化

　手続きの IT 化は次の 3 つの柱からなります。まずは訴状のオンラインでの提出が可能になる点です。従来は裁判所に持参するか郵送する方法でしたが、インターネットを通じても出せるようにします。収入印紙で納めていた起訴のための手数料も、ATM やインターネットバンキングで支払えるようにします。

◎**離婚調停の手続きも IT 化**

　口頭弁論や判決の言い渡しの際には、ウェブ会議システムにより参加できるようになります。従来は原告や被告、弁護士ら当事者は裁判所に行かなければなりませんでしたが、地方への仕事も多い弁護士にとって負担になっており、それを解消するのが目的です。離婚調停の手続きも IT 化されるため、ウェブ会議を活用して当事者同士が直接会うことなく、離婚を成立させることもできるようになります。

　そして、判決文や訴状の電子化があります。従来は紙での保管なため、判決文や訴状を閲覧するには裁判所に行かなければなりませんでした。しかし、記録を

データベースで管理することで、裁判の当事者はネットを通じて閲覧することができるようになります。

審理期間の長さを短縮

また、法改正で裁判の期限を設定することができるようになります。これまで法律上で民事訴訟の期間を定めた規定はなく、長引く裁判では審理が1年以上に及ぶことも少なくありませんでした。このような審理期間の長さが、原告が訴えを起こすことの妨げになっているとの指摘がありました。

今回の改正で、原告と被告の双方が認めた場合については、手続き開始から6カ月以内に審理を終え、1カ月以内に判決を言い渡すようにすることができるようになります。

◎ 改正後の新しい民事裁判手続き

現状		IT化後
訴状や答弁書を裁判所に郵送・持参 判決を紙の書面で送達	書類	訴状や答弁書をネットで提出 判決をネットで送達
法廷で日程を調整 証拠書類を法廷で閲覧	訴訟の進行	ネットで日程を調整・確認 証拠をネットで閲覧
法定に赴いて口頭弁論 遠隔地にいる証人以外は法廷で尋問	審理	ウェブ会議で口頭弁論 遠隔地にいない証人でもネット尋問

UP プラス情報

性犯罪などの被害者が、加害者に氏名や住所を知られることをおそれて損害賠償などを求めにくいという指摘より、個人を特定する情報を明らかにせずに手続きが進められる制度も創設された。

ミニ試験問題に **チャレンジ** 　間違っているのは **どっち？**

1 民事訴訟法の改正により、訴状の提出から口頭弁論、裁判記録の閲覧までITで運用できるようになる。

2 法改正で、手続き開始から1年以内に審理を終え、1カ月以内に判決を言い渡すことができるようになる。

答え：2　手続き開始から6カ月以内に審理を終えることが定められた。

国際会議 法律 白書 国際

法律
感染症法改正

ここが出る!
病院の病床提供を義務化

出題予想

東京都： ★★★

特別区： ★★★

次のパンデミックに備える

2022年12月、新型コロナウイルス対応の教訓を生かして次のパンデミックに備えるため、地域の中核を担う病院に病床確保、発熱外来の設置などを義務付ける改正感染症法が成立しました。

新型コロナウイルスへの対応では、流行のたびに病床逼迫を招き、国内の医療提供体制のもろさが浮き彫りになっていました。改正感染症法は、コロナ禍の約3年の経験を教訓に、次の感染症に備えて都道府県と医療機関に事前の備えの徹底を求めるもので、2024年4月に施行されます。

◎検疫法も改正

感染症法の改正にあわせて検疫法も改正されました。水際対策に実効性をもたせるため、入国後の個人に自宅待機などを指示できるようにしたうえで、待機中の体調報告に応じない場合の罰則が設けられています。

病院に病床などの提供を義務付け

改正法では、地域の中核となる公立・公的病院や大学病院といった特定機能病院などに対して、感染症流行時に病床などの提供を義務付けることを盛り込んでいます。

具体的には、新たな感染症が発生した場合、自治体などが運営する約6500ある公立・公的医療機関、87施設ある400床以上で大学病院中心の特定機能病院、685施設ある200床以上で救急医療が可能な地域医療支援病院には、医療提供する義務が課されることになります。守らない場合にはこれら病院に対し、診療報酬の減額につながる承認取り消しも都道府県はできるようになります。一方、国内で大半を占める民間病院の協力は任意となります。

都道府県と医療機関が結ぶ協定

都道府県は病床確保数などを定めた計画を策定したうえで、すべての医療機関

と医療提供を事前に約束する協定を結べるようになります。<u>都道府県は平時から計画を作り、病床、発熱外来、人材派遣などの数値目標を盛り込み、各医療機関への割り当てを決めることができる</u>というもの。医療機関は協議に応じる義務はありますが、実際に協定を結ぶかは任意になります。

また、都道府県知事は医療機関に対して、協定に沿った対応をするよう勧告や指示を行い、従わなかった病院名を公表できるとしています。

◎付則で感染症分類の検討も

感染症法は症状の重さや感染力の強さなどから、疾病を5段階に分類しており、新型コロナは2番目に危険な「2類相当」とされています。改正法の付則には、<u>新型コロナの位置付けに関する検討</u>のほか、感染後の後遺症やワクチンの副反応に関する情報発信など、野党が提出していた対案の内容も盛り込まれました。

◎ 感染症法等・改正のポイント

❶感染症法	・地域の中核医療機関と協定を締結 ・流行時の病床確保や医療提供を義務 ・協定に違反すれば医療機関名を公表、従わなければ診療報酬の優遇取り消し
❷予防接種法	・歯科医院や臨床検査技師らもワクチン接種が可能に
❸検疫法	・感染のおそれがある人に自宅待機などの指示が可能に

「2類相当」…感染症分類の2類相当は、結核や重症急性呼吸器症侯群（SARS）が該当。地方自治体は感染者に就業制限や入院勧告ができ、医療費は全額、公費での負担が可能になる。新型コロナウイルスは2類から5類にすべきとの意見が出ている。

ミニ試験問題に
チャレンジ　間違っているのは　どっち？

1　改正法では、公立・公的病院や大学病院などに対して、感染症流行時に病床などの提供を義務付けることを盛り込んでいる。

2　改正法では、すべての医療機関は都道府県と事前の医療提供に関する協議に応じる義務があり、協定を結ぶことも義務とされている。

答え：2　実際に協定を結ぶかどうかは任意。

法律
困難女性支援法

困難な問題を抱える女性への支援に関する法律

ここが出る！
女性相談支援センターの設置を義務付け

出題予想

| 東京都： | ★★★ |
| 特別区： | ★★★ |

困難女性支援を行う新たな枠組み

　2022年5月、性犯罪やDV（ドメスティック・バイオレンス）、それに貧困などに苦しむ女性への支援を強化することを目的とする困難女性支援法が成立しました。こうした女性への支援については、これまで1956年制定の売春防止法を法的根拠とする婦人保護事業が担ってきました。

　しかし新法では、家庭の状況や性的被害など、さまざまな事情で問題を抱える女性が支援対象であることを改めて規定。従来の枠組みを拡大し、人権保障や福祉の視点から支援を行う新たな枠組みへと転換しています。それにともない、婦人相談所を包括的な援助に当たる「女性相談支援センター」として、都道府県に設置を義務付けることなどを定めています。

◎国・自治体による困難女性支援のための施策実施

　新法には、基本理念として「女性の福祉の増進」や「人権の尊重・擁護」などを明記。支援のために必要な施策の実施を国・自治体の責務とし、国による基本方針の策定や、都道府県などの基本計画策定に関する規定も盛り込んでいます。

売春防止法の婦人補導院の廃止

　女性支援の根拠法となっていた売春防止法の古い規定も削除し、一部を除き2024年4月から施行されます。

　改正法の背景に近年、貧困や性的搾取、自殺など女性が抱える問題が複雑化していることがあります。1956年制定の売春防止法は、売春する恐れがある人の補導や保護更生を目的としており、支援団体などから現場の実態やニーズにそぐわないとの指摘が出ていました。同法により、売春防止法の「婦人補導院」へ収容する処分は廃止されることになります。

◎女性相談支援センター、女性相談支援員、女性自立支援施設に変更

　困難女性支援法では、官民が連携して切れ目のない対応を行うため、自治体ごとに関係者で作る「支援調整会議」を設置して、具体的な支援内容を協議すると

しています。

　また、新法では従来の婦人相談所を女性相談支援センターに、婦人相談員を女性相談支援員に、婦人保護施設を女性自立支援施設にするといった名称変更も行われています。女性相談支援センターは困難な問題を抱える女性の立場に立った相談、一時保護等を行い、女性相談支援員は困難な問題を抱える女性の発見に努め、その立場に立って相談に応じ、専門的技術にもとづいて必要な援助を行っていきます。

　さらに、都道府県は困難な問題を抱える女性の意向を踏まえながら、女性自立支援施設に入所させて保護を行い、自立の促進のために生活を支援し、退所した人の援助を行うことも定めています。

◯ 女性支援新法のポイント

❶　基本理念は、困難な問題を抱える女性の福祉増進や人権擁護。

❷　国と自治体は支援に取り組む責務がある。国は基本方針、都道府県は基本計画を策定。市町村は努力義務。

❸　自治体は関係機関や民間団体と会議を作り、官民連携で支援策を検討する。

❹　婦人保護施設を「女性自立支援施設」に名称を変更する。

❺　売春防止法の一部を切り離し、改定して盛り込む。

「**支援調整会議**」…自治体が困難な問題を抱える女性への支援を適切かつ円滑に行うため、関係機関等により構成される会議。必要な情報の交換や、支援の内容に関する協議を行う。

間違っているのは どっち？

1　新法には、基本理念として「女性の福祉の増進」や「人権の尊重・擁護」などが明記されている。

2　新法で従来の女性相談支援センターを婦人相談所に、婦人相談員を女性相談支援員に、婦人保護施設を女性自立支援施設に名称変更が行われた。

　　答え：2　新法では、従来の婦人相談所を女性相談支援センターに名称変更している。

法律
改正児童福祉法

ここが出る！
児童虐待の相談・支援体制を強化

子どもを保護する取り組みや子育て家庭への支援策を強化

　2022年6月、増加する児童虐待に対し、子どもを保護する取り組みや子育て家庭への支援策を強化することを目的とした児童福祉法などの改正法が成立しました。厚生労働省によると、2020年度に全国の児童相談所が対応した18歳未満の子どもに対する虐待の件数は、過去最多のおよそ20万5000件に上ったことがわかっています。

　成立した改正法では、子育て世帯に対する包括的な相談・支援にあたる体制を強化するため、市区町村に対して「こども家庭センター」を設置することを努力義務としています。

◎**速やかな保護につなげる「司法審査」を導入**

　また、児童相談所が虐待を受けた子どもを保護者から引き離す「一時保護」の際に、親の同意がない場合には、裁判所がその必要性を判断する「司法審査」を導入するとしています。

　児童相談所が親からの反発をおそれて、一時保護をためらうケースはこれまで少なくなかったとされています。これを減らすため、裁判所が必要性を判断するという新たなしくみ「司法審査」を導入することで、速やかな保護につなげるねらいです。「司法審査」の導入で、親の理解もより得やすくなることも期待されています。

児童福祉司の任用基準の強化

　虐待などに対応する児童福祉司を自治体が任用する際、新たに創設される認定資格などを念頭に十分な知識や技術を求めるとしています。従来、児童虐待などに対応する児童福祉司のうち、勤務年数が3年に満たない人が2021年4月の時点で半数を占めるなど、経験の浅さが課題となっていました。このことを解消するのが創設の目的です。

　新しい認定資格の取得にあたっては、100時間程度の研修を義務づけるとし

ています。研修で経験を積むことで、資質や専門性を高めるとともに、自治体が任用する際の要件とすることもできます。

本人次第で18歳超でも施設での生活を継続

　児童養護施設などで暮らす子どもや若者に対する自立支援についての年齢制限撤廃や、子どもへのわいせつ行為などを理由に登録を取り消された保育士の再登録を厳格化することも、改正法には盛り込まれています。

　原則18歳、最長でも22歳までだった自立支援の年齢制限は、施設を退所したあとに生活費や学費を工面できなかったりするケースも多く、支援の継続が求められていたことより撤廃されます。

　本人次第で施設での生活を継続できるほか、福祉制度を利用してもらうための調整などを行う拠点を各地に設置して、住まいの確保や就労などの相談に応じるとしています。

● 改正法のポイント

❶　市区町村に「こども家庭センター」設置の努力義務
❷　虐待を受けた子どもの「一時保護」において「司法審査」を導入
❸　児童福祉司を自治体が任用する際は十分な知識や技術を求める
❹　児童養護施設の子どもの自立支援で年齢制限の撤廃
❺　登録を取り消された保育士の再登録を厳格化

「**ケアリーバー**」… 施設などの保護を離れた人を指す。親を頼ることができないため、困窮、孤立に陥りやすいとされる。今回の改正で、施設を出た後のサポートを強化する。

ミニ試験問題に **チャレンジ** 間違っているのは **どっち？**

1 改正法では子育て世帯に対する包括的な相談・支援にあたる体制強化のため、市区町村に児童相談所を設置することを努力義務とした。

2 改正法では児童相談所が虐待を受けた子どもを保護者から引き離す「一時保護」の際に、裁判所がその必要性を判断する「司法審査」を導入した。

　　　答え：1　こども家庭センターを設置することを努力義務とした。

法律
改正資金決済法

ここが出る！
マネーロンダリング対策

ステーブルコインを規制

2022年6月、米ドルなどに価値を連動させる暗号資産（仮想通貨）である「ステーブルコイン」を規制する改正資金決済法が成立しました。

価格の安定性を実現するように設計された暗号資産（仮想通貨）がステーブルコインであり、このステーブルコインを発行できる業者、流通する業者について規定。近年、急速に広がりつつあるステーブルコインを規制する初の法律であり、ステーブルコインを用いたマネーロンダリング（資金洗浄）への対策として法改正がされています。

政府は高額送金が可能なステーブルコインがマネーロンダリングに使われやすい点を指摘しており、国境を越えるのが容易なステーブルコインの規制強化は、世界の潮流でした。

◎金融デジタル化に対応した資金決済制度を創設するのがねらい

改正法は、①ステーブルコインの規制、②マネーロンダリングの共同監視システムの規制、③高額送金が可能な電子ギフト券などのマネーロンダリング対策より構成されており、金融デジタル化に対応した資金決済制度を作ることが目的。20兆円規模に市場が膨らむステーブルコインの金融システムリスクを抑え、投資家保護を強化するねらいがあります。

発行をめざすスタートアップ企業の参入は困難に

改正法では、ステーブルコインを発行・管理をする「発行者」と流通を担う「仲介者」の役割を明確に分けることを定義し、「発行者」には銀行と資金移動業者、信託会社を指定しています。「発行者」のライセンスを取れるのは信用力のあるこれら業種の企業に限られることになり、ステーブルコインの発行をめざしていたスタートアップ企業の参入は難しくなっています。

◎仲介者には従来よりも厳しいマネーロンダリング対策

一方、ステーブルコインの「仲介者」は登録制としました。過去に犯罪の疑い

のある取引がないかどうかを調べるモニタリングなど、従来よりも厳しいマネーロンダリング対策が求められます。具体的な要件は今後の議論で詰め、ガイドラインなどで示す方針です。

ステーブルコインは金融システムに影響も

裏付け資産をコマーシャルペーパー（CP）などの短期資産で運用するステーブルコインが、いずれ金融システムに影響をおよぼすのではないかとの懸念があることが法改正の理由の一つでもあります。

ステーブルコインは、2019年に米フェイスブック（現メタ）が打ち出したリブラ構想をきっかけに、米欧で規制に動き出したという経緯があります。今回の改正法では、法定通貨の価値と連動した価格で発行される「デジタルマネー類似型ステーブルコイン」が規制対象ですが、アルゴリズムで価格調整する「暗号資産型ステーブルコイン」も、日本で取り扱うには審査のハードルが上がる可能性が高いといわれています。

◯ 改正法の３つの要素

❶ ステーブルコインの規制

❷ マネーロンダリングの共同監視システムの規制

❸ 高額送金が可能な電子ギフト券などのマネーロンダリング対策

「マネーロンダリング」…犯罪で取得した不正資金など、違法な手段で入手したお金を、銀行口座などを利用して転々と移転することで出所を分からなくすること。「資金洗浄」ともいわれる。

ミニ試験問題に
チャレンジ 間違っているのは**どっち？**

1 急速に広がりつつあるステーブルコインを用いたマネーロンダリング（資金洗浄）への対策のため今回法改正された。

2 改正法では、ステーブルコインを発行・管理をする「発行者」と流通を担う「仲介者」の役割を明確に分けることを定義、「発行者」は登録制とした。

答え：2　「発行者」には銀行と資金移動業者、信託会社を指定。

国際会議

法律

白書

国際

法律
こども家庭庁設置法

ここが出る！
見送られた幼保一元化

こども家庭庁創設のための法律

　2022年6月、子ども政策の司令塔となる「こども家庭庁」を創設する関連法が成立しました。この新法は、他省庁への勧告権を持つこども家庭庁が、2023年4月に内閣府の外局として発足することを定めた法律となります。

　少子化に歯止めがかからない近年の日本において、こども家庭庁は省庁の縦割りを排し、従来、組織の間でこぼれ落ちていた子どもに関する福祉行政を担うとしています。

◎民間人材も登用

　こども家庭庁は首相の直轄組織であり、子ども政策担当大臣やこども家庭庁長官が配置されることになります。厚生労働省や地方自治体などから職員を集め、さらに民間人材も登用することで300人規模の体制となります。子ども政策担当の内閣府特命担当大臣には、各省庁の子ども政策に対して改善を求めることができる「勧告権」を持たせます。また、庁内には有識者などをメンバーとする「こども家庭審議会」も設定され、調査や審議が行われます。

子ども政策を一元的に集約

　新法は、保育所と認定こども園の所管を、それぞれ厚生労働省と内閣府から同庁に移すことを規定。厚生労働省や内閣府の子ども関係の部局は、ほぼすべてが新組織に移管されます。このことで、これまで各府省庁が別々に行ってきた子ども政策を一元的に集約し、少子化、子どもの貧困、虐待防止対策など幅広い分野について、こども家庭庁が一元的に企画、立案、総合調整を行えるようにします。

◎教育分野は従来通り文部科学省

　こども家庭庁は、所轄の移管により厚生労働省所管であった保育所と、内閣府の認定こども園を担当することになりますが、幼稚園や義務教育などの教育分野については、従来通り文部科学省が担当することになっています。結果として、長年の課題だった幼保一元化は見送られることになり、こども家庭庁がこども政

策の面で 100 パーセント機能するのか不安視される声もあがっています。

こども家庭庁を構成する3つの部門

こども家庭庁の中は、次の3つの部門で構成されます。

「企画立案・総合調整部門」は、全体をとりまとめる部門で、各府省庁が別々に行ってきた子ども政策を一元的に集約し、子どもや若者から意見を聞くなどして、子ども政策に関連する大綱を作成します。

「成育部門」は、子どもの安全・安心な成長のための政策立案を担います。子どもの性被害を防ぐためのしくみや、子どもが事故などで死亡した際の検証、再発防止につながるしくみも検討するとしています。

「支援部門」は、虐待やいじめ、ひとり親家庭など、困難を抱える子どもや家庭の支援にあたります。介護をする若年層を意味する「ヤングケアラー」の早期把握に努め、福祉や介護、医療などの関係者が連携して必要な支援を行います。

○ こども家庭庁の組織

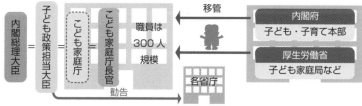

「幼保一元化」…幼稚園と保育園の一元化をめざす政策。所管や法令、目的、対象年齢で明確に区別されていた2つの施設を一元化することで、教育水準の均等化や育児サービスの効率化をはかる。

ミニ試験問題に **チャレンジ** 間違っているのは **どっち？**

1 こども家庭庁は省庁の縦割りを排し、従来、組織の間でこぼれ落ちていた子どもに関する福祉行政を担う。

2 こども家庭庁は、所轄の移管により幼稚園や義務教育などの教育分野についても担当することになった。

答え：2　幼稚園や義務教育などの教育分野については、従来通り文部科学省が担当。

法律
こども基本法

ここが出る！
子どもの意見の尊重を規定

子どもの権利条約に対応する国内法

　2022年6月、こども家庭庁の設置法案とあわせて「こども基本法」が成立しました。同法は、子どもの権利をどう守っていくのか、という基本的な理念を定めたもので、日本が1994年に批准した「子どもの権利条約」に対応するための国内法という位置づけになります。子どもの人権を保障することや、子どもの意見を政策に反映するために必要な措置を講じることなどが同法で定められています。

◎国連からの勧告を受けての法制定

　子どもの権利については、1989年に国連総会で採択された子どもの権利条約で、子どもも大人と同様にひとりの人間として人権があるとして、生きることや育つことの権利に加え、子どもの意見の尊重などが定められました。

　日本も1994年にこの条約を批准しましたが、子どもの権利について定めた法律がなかったため国連から勧告を受けていたことが、今回の同法制定の背景にあります。

こども基本法の6つの「基本理念」

　こども基本法では、18歳という年齢で区切らず、心身の発達の過程にある人を「こども」と定義しています。そのうえで、基本理念にもとづき、子ども政策を進めなければならないことを定めています。

　こども基本法の「基本理念」は、以下のように定められ、責務としています。

① すべてのこどもについて、個人として尊重されること・基本的人権が保障されること・差別的取り扱いを受けることがないようにすること。

② すべてのこどもについて、適切に養育されること・生活を保障されること・愛され保護されること等の福祉にかかる権利が等しく保障されるとともに、教育基本法の精神にのっとり教育を受ける機会が等しく与えられること。

③ すべてのこどもについて、年齢および発達の程度に応じ、自己に直接関係す

るすべての事項に関して意見を表明する機会・多様な社会的活動に参画する機会が確保されること。

④ すべてのこどもについて、年齢および発達の程度に応じ、意見の尊重、最善の利益が優先して考慮されること。

⑤ こどもの養育は家庭を基本として行われ、父母その他の保護者が第一義的責任を有するとの認識のもと、十分な養育の支援・家庭での養育が困難なこどもの養育環境を確保。

⑥ 家庭や子育てに夢を持ち、子育てにともなう喜びを実感できる社会環境の整備。

このように、子どもの意見を政策に反映するために必要な措置を講じるよう定めています。日本では、こどもは大人に従うべきで、大人が決めることに意見を言ったり、反対することはよくないといった傾向がありますが、<u>今回の法律で初めて「こどもには意見を表す権利がある」</u>と定められています。

○ こども基本法の定義

こども	・心身の発達の過程にある者。
こども施策	・次の施策およびその他のこどもに関する施策等。 ①大人になるまでの心身の発達の過程を通じて、切れ目なく行われるこどもの健やかな成長に対する支援。 ②就労、結婚、妊娠、出産、育児等の各段階に応じて行われる支援。 ③家庭における養育環境その他のこどもの養育環境の整備。

「**子どもの権利条約**」…子どもの基本的人権を保障するための国際条約。 大人と同様ひとりの人間としての人権を認め、成長の過程で特別な保護や配慮が必要な子どもならではの権利も定めている。

ミニ試験問題に
チャレンジ 間違っているのは**どっち？**

1 新法では、子どもの人権を保障することや、子どもの意見を政策に反映するために必要な措置を講じることなどが定められている。

2 新法では、成人年齢である18歳という年齢で区切り、それ未満の心身の発達の過程にある人を「こども」と定義している。

答え：2　18歳という年齢で区切らないとしている。

39

法律
改正少年法

ここが出る！
逆送事件の拡大と実名報道を解禁

出題予想
東京都：★★★
特別区：★★★

現行法のまま少年は20歳未満に

令和4年4月、少年法を改正する法律が施行されました（令和3年5月成立）。現行の少年法では20歳未満を適用対象としており、民法上の成人年齢が2022年4月から18歳になるのに合わせて、少年法の適用も18歳未満に引き下げるかどうかの議論がされていました。しかし、現行通り20歳未満を少年としつつ、一定の犯罪を犯した場合、18、19歳の少年に対して、現行より厳罰を科すという改正になりました。

◎**現行少年法のしくみ**

少年の事件は、全事件が家庭裁判所に送られ、家庭裁判所は犯罪事実、少年の生い立ち、性格、家庭環境について調査したうえで、少年に対する処分を決定します。この決定には、保護処分と検察官送致（逆送）があり、逆送は、家庭裁判所が保護処分ではなく、懲役、罰金などの刑罰を科すべきであると判断した場合が該当します。逆送された事件は、検察官によって起訴され、刑事裁判で有罪となれば刑罰が科されます。

一方、保護処分には、少年院送致と保護処分とがあります。少年院送致は、対象者を少年院に収容し、その特性に応じた矯正教育を行うものです。対して、保護観察は、対象者を施設に収容せず、社会内に置いたまま保護観察所が指導監督、補導援護を行います。

民法の成年年齢引き下げに対応した取り扱い

改正法では、18、19歳も「特定少年」として引き続き少年法の適用対象としています。しかし、18、19歳は選挙権年齢や民法の成年年齢の引き下げにより、重要な権利・自由を認められ、責任ある人間として社会に参加することが期待される立場となっています。

◎**逆送対象事件の拡大**

少年法においても、その立場に応じた取り扱いをするため、原則逆送対象事件

（家庭裁判所が原則として逆送しなければならないとされている事件で16歳以上の殺人罪や傷害致死罪）を拡大し、実名の報道（推知報道）を一部解禁するなど、17歳以下の少年とは異なる特例を定めています。

実名報道も解禁へ

原則逆送対象事件の拡大では、18歳以上の少年（特定少年）のとき犯した死刑、無期または短期（法定刑の下限）1年以上の懲役・禁錮に当たる罪の事件が追加されます（現住建造物等放火罪、強盗罪、強制性交等罪、組織的詐欺罪等）。

少年のとき犯した事件については、犯人の実名・写真の報道が禁止されていますが、18歳以上の少年（特定少年）のときに犯した事件で起訴された場合には、禁止が解除されます。ただし、略式手続き（非公開の書面審理により一定額以下の罰金・科料を科す手続き）の場合は除きます。

● 少年事件の手続きの概要

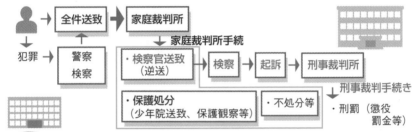

「推知報道」…氏名、年齢、職業、住居、容ぼう等により、その人物が事件の犯人であることを推知することができるような報道。事件を犯した少年に関する推知報道は少年法で禁じられている。

ミニ試験問題に
チャレンジ 間違っているのは**どっち？**

1 選挙権年齢や民法の成年年齢が18歳に引き下げられたこととの整合性をはかるため、18・19歳も少年法の適用対象外となった。

2 18歳以上の少年（特定少年）のときに犯した事件について起訴された場合には、実名報道禁止が解除された。

答え：1　18、19歳は「特定少年」として少年法の適用対象である。

法律
重要土地利用規制法

ここが出る！
防衛上重要箇所周辺の土地規制

出題予想

東京都：★★★

特別区：★★★

重要施設の効用を維持するための法改正

　自衛隊基地や原子力発電所、国境付近の離島など、防衛戦略上、重要な施設のそばの土地の取得、利用等に規制をかける改正法が、2022年6月に施行されました（与党や日本維新の会などの賛成を経て2021年6月に成立）。今回の改正で、重要な施設の効用を維持するのがねらいです。

　なお、過度な私権制限につながるおそれがあることを理由に、本法について立憲民主党ら一部の野党が反対していました。

「注視区域」と「特別注視区域」

　改正法では、重要施設のある区域を次の2つに分類しています。
◎**注視区域**
　国（総理大臣）は、重要施設の敷地の周囲約1,000メートルの区域か、国境離島にある土地等について、それら重要施設の施設機能や離島機能が損なわれることを防止する必要がある区域を、「注視区域」として指定することができます。例えば、自衛隊基地・原子力発電所などを例に挙げることができます。
◎**特別注視区域**
　国は、注視区域にある重要施設が特定重要施設である場合、もしくは注視区域にある国境離島が特定国境離島である場合には、これら注視区域を「特別注視区域」として指定することができます。例えば、司令部的機能を持つ自衛隊基地や国境に近い無人の離島など、安全保障上、注視区域よりもさらに重要な土地を例に挙げることができます。

注視区域への規制

　注視区域内もしくは特別注視区域内にある土地の利用者が、その土地を重要施設の施設機能や国境離島の離島機能を阻害するか、明らかにおそれがあると認めるときは、国はその土地の利用者に対し、土地を阻害等のために使わないこと、

その他必要な措置をとるべき旨を勧告することができます。その勧告を受けた利用者が、勧告に対しての措置をとらなかったときは、その利用者に対して措置をとることを命ずることもできます。

　例えば、区域内で大きな構造物を立てて電波を妨害したり、ライフラインを寸断したりといった安全保障を脅かすような土地利用が行われた場合、土地所有者に対してその中止を勧告・命令することができます。

◎**特別注視区域にある土地の移転契約**

　特別注視区域内にある土地について売買する場合には、当事者はあらかじめ国に届け出る必要があります。これにより、外国資本が不適切な目的で日本の土地を取得し、利用するリスクを回避するねらいがあります。

◎ 特別注視区域での施設と離島等

特定重要施設	重要施設のうち、その施設機能が特に重要なもの、またはその施設機能を阻害することが容易であるものであって、他の重要施設によるその施設機能の代替が困難であるもの。つまり、特に重要な施設か容易に機能を阻害できて代替性のないもの。
特定国境離島等	国境離島等のうち、その離島機能が特に重要なもの、またはその離島機能を阻害することが容易であるものであって、他の国境離島等によるその離島機能の代替が困難であるもの。つまり、特に重要な離島か容易に機能を阻害できて代替困難なもの。

特定重要施設に関する罰則として、国の命令違反には 2 年以下の懲役もしくは 200 万円以下の罰金が科され、土地売買の際の国への届け出を怠った場合は 6 月以下の懲役または 100 万円以下の罰金が科される。

ミニ試験問題に
チャレンジ 間違っているのは**どっち？**

1 都道府県は、自衛隊基地から 1,000 メートルの周辺を注視区域と定めることができる。

2 特別注視区域内にある土地に関する所有権の移転をする契約を締結する場合には、国に届け出る必要がある。

答え：1　注視区域指定を行うのは国。

国際会議

法律

白書

国際

法律 全世代対応型の社会保障制度を構築するための健康保険法等の一部を改正する法律

医療制度改革関連法

ここが出る!
75歳以上の自己負担割合が3段階に

出題予想

| 東京都： | ★★★ |
| 特別区： | ★★★ |

全世代対応型の社会保障制度の構築がねらい

　一定の後期高齢者の医療費窓口負担を1割から2割に引き上げるといった内容の医療制度改革関連法が、2022年10月から施行されました（2021年6月、自民・公明両党などの賛成多数で成立）。

　現役世代への給付が少なく、給付は高齢者中心、負担は現役世代中心という、これまでの社会保障の構造を見直し、すべての世代で広く安心を支えていく「全世代対応型の社会保障制度」を構築するための改正になっています。

高齢者医療制度のしくみ

　国は、65歳から74歳を前期高齢者、75歳以上を後期高齢者と分類し、医療費の自己負担割合も年齢によって異なっています。従来、65歳から69歳までは現役世代と同じ3割、70歳から74歳は原則2割（例外的に一定所得以上の人は3割）、75歳以上は原則1割、例外的に現役世代並みの所得の人（単身で年収383万円、複数世帯で520万円以上）は3割の自己負担割合となっていました。

◎高齢者の保険料を支える現役世代

　この後期高齢者医療制度の財源は、窓口負担を除いて5割を公費で負担し、残り4割は現役世代からの支援金を充て、1割を高齢者の保険料でまかなっています。

　すなわち、日本の後期高齢者医療制度の費用の多くは、現役世代が負担しているのがこれまでの制度でした。しかし、2022年は、いわゆる「団塊の世代」が75歳となり、後期高齢者の仲間入りをします。つまり、現役世代が支えなければならない高齢者が一気に増大することになります。

　そこで、医療保険制度を継続させるためにも、一定の範囲で高齢者の負担を増やすことにしたのです。

75歳以上の自己負担割合は3段階

改正法では、年金を含めて年収200万円以上、複数世帯では合計320万円以上の75歳以上の人の自己負担割合が、現行の1割から2割になります。つまり、<u>75歳以上の人の医療費自己負担割合は、1割の人、2割の人（年収200万円以上）、3割の人（年収383万円以上）というように3つの段階に分けられる</u>ことになったのです。導入時期は2022年10月から23年3月の間で、今後政令で定めることになります。

◎当面は激変緩和措置で3,000円以内に

なお、今回の自己負担割合増加によって高齢者個人の医療費が急激に増えることを防ぐため、激変緩和措置がとられ、外来患者は導入から3年間、1カ月の負担増を3,000円以内に抑えられることになっています。

● 高齢者の医療給付の自己割合

65歳〜69歳	3割
70歳〜74歳	原則＝2割 現役並みの所得者＝3割
75歳以上	原則＝1割 単身で年収200万円・複数世帯で320万円以上＝2割 単身で年収383万円・複数世帯で520万円以上＝3割

「関連法その他の内容」…育児休業中に社会保険料を免除する対象を2022年10月から広げ、国民健康保険に加入する未就学児を対象に2022年4月から保険料が軽減された。

ミニ試験問題に
チャレンジ　間違っているのは どっち？

1 後期高齢者医療制度の財源は、窓口負担を除いて5割を公費、4割を現役世代からの支援金、1割を高齢者の保険料でまかなっている。

2 75歳以上の人の医療費自己負担割合は、2割、3割、4割の人と3つの段階に分けられることになった。

答え：2　1割、2割、3割の人の3つの段階に分けられることになった。

ここが出る！
生活関連の 22 本の法律も年齢要件を改正

出題予想　東京都：★★★
　　　　　特別区：★★★

成人年齢は 18 歳に引き下げ

　2022 年 4 月に施行した改正民法の改正は、成人年齢を現行の 20 歳から 18 歳に引き下げる内容となっています。これは、1876 年以来 140 年以上続く成人（大人）の定義が変わることを意味します。法改正が成立したのは 2018 年 7 月で、若者が親の同意なく契約を結べるようになるなど、18 歳以上に引き下げられた選挙権年齢と合わせて、少子高齢化時代の若者の積極的な社会参画を促進するのがねらいです。

　成人年齢の引き下げにともなって、生活に関係する 22 本の法律についても「20 歳未満」「未成年者」などの年齢要件を改められました。

自分の意思で契約が行える

　民法が定める成人（成年）年齢には、「一人で契約をすることができる年齢」という意味と、「父母の親権に服さなくなる年齢」という意味があります。すなわち、成人に達すると、親の同意を得なくても、自分の意思でさまざまな契約ができるようになるわけです。

　代表的な契約が結婚です。従来、女性が結婚できる年齢は 16 歳でしたが、これを 18 歳に引き上げて男女ともに 18 歳にします。未成年者の婚姻については、父母の同意を必要としていましたが、施行後は保護者の同意は不要になります。

　ローン契約を結んだり、クレジットカードを作ったりすることも 18 歳から親の同意なくできるようになります。ただし、親の同意のない法律行為を取り消せる「未成年者取消権」は 18 歳から行使できなくなります。

◎喫煙、飲酒、ギャンブルは 20 歳から

　10 年間有効のパスポートを取得できるようにする旅券法や、性同一性障害の人が家庭裁判所に性別変更を申し立てられる年齢を定める性同一性障害特例法なども 18 歳への引き下げが行われるよう改正法の付則に盛り込まれました。

　飲酒や喫煙、公営ギャンブルについては、健康被害やギャンブル依存症への懸

念から20歳以上を維持します。それにあたって、法律の名前や規定にある「未成年者」を「20歳未満の者」と改めます。

悪徳商法の契約取り消しは可能に

施行に向けた懸念も少なくありません。知識や経験、判断力が不足している消費者を、不当に勧誘し締結させた契約を取り消せる権利も創設。改正消費者契約法で、恋愛感情につけこむ「デート商法」や「不安商法」など若者がターゲットにされやすい悪徳商法の契約を取り消せるようにしています。

● 海外の成人年齢事情

	イギリス	アメリカ	ドイツ	フランス	イタリア	カナダ	ロシア	韓国
1960年時点	21歳	州ごとに異なる	21歳	21歳	21歳	州ごとで異なる	18歳	20歳
1969年	18歳	多くの州が18歳				18歳の州と19歳の州・準州あり		
1870年								
1974年			18歳	18歳				
1975年					18歳			
2011年								19歳
2018年								

新成人が18歳になる年が大学受験などに重なるため、多くの自治体が2023年の成人式は従来通り満20歳を対象に実施。また、少年法の適用年齢については従来通り20歳未満とし、20歳未満から18歳未満は「特定少年」とすることになった。

ミニ試験問題に
チャレンジ 間違っているのは**どっち？**

1 成人年齢の引き下げにともなって、生活に関係する22本の法律についても「20歳未満」「未成年者」などの年齢要件を改める。

2 飲酒や喫煙、公営ギャンブルについても、従来の20歳以上から18歳以上に引き下げられた。

答え：2　飲酒や喫煙、公営ギャンブルについては、20歳以上を維持。

ここが出る！
企業の投資を喚起

グリーンやデジタル分野の投資拡大を促進

令和4年版経済財政白書では、生産性や成長力の底上げに向けて、グリーンやデジタルの分野の投資拡大を促しています。それが強力に求められる理由として、日本経済の課題である企業の投資が少ない状況が続いている点を指摘しています。

その背景には、日本経済の成長期待の低下、およびデフレ下での経営姿勢の保守化にあると明らかにしています。

◎**デフレ脱却を実現する必要性について強調**

日本経済の現状については、持ち直しの動きが続いていると分析しています。物価上昇と景気後退が同時に起こるスタグフレーションと呼ばれる状況にはないとしつつも、デフレ脱却を実現する必要性を強調。継続的で安定的な賃金引き上げと、経済の需要と潜在的な供給力の差を示す需給ギャップの縮小を進め、賃金と物価がともに上昇していく経済を実現することが重要であるとしています。

経済の本格回復に向けて

新型コロナウイルス禍で痛んだ経済の本格回復に向けて「投資の喚起を通じて需給バランスを回復し、成長力を高めていくことが重要」とも強調。ほかの先進国は年によって企業部門の投資が貯蓄を上回るのに対し、日本はこの20年間、一貫して貯蓄が投資を上回っているという現状にも触れています。

そのうえで、経済政策の方向性に関しては、政府の掲げる「大胆な金融政策」、「機動的な財政政策」、「民間投資を喚起する取り組み」を一体的に進めていくことが求められるとしています。

◎**海外での設備投資**

日本企業も海外でのM&A（合併・買収）や現地法人の設備投資の伸びは大きいとし、経常利益に対する国内外の投資額で、製造業は2000年以降おおむね横ばいであり、「投資スタンスは全体として慎重に推移してきた」としています。

背景に、期待成長率の低下、世界経済の不確実性上昇、保守的な経営をめざす動き、企業の低調な新陳代謝があると明らかにしています。

成長分野に脱炭素

現状を打開する成長分野としては脱炭素を例示。上場企業は7割以上が何らかの対応をとっていたが、非上場企業は7割以上が取り組みに着手していなかったとしています。脱炭素方針を策定している企業の7割は省エネ・再エネ設備への投資を実施もしくは予定しており、企業全体で取り組みが進めばグリーン投資が成長を押し上げる可能性があるとしています。

また、デジタル化については教育訓練に積極的な企業ほど、ソフトウエア投資による生産性の押し上げ効果が大きいとしと結論づけています。

◉ 企業部門の貯蓄・投資バランス

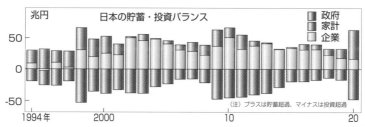

（注）プラスは貯蓄超過、マイナスは投資超過

政府の掲げる「人への投資」の面では、コロナ禍で教育・保育への支出額が落ち込んだことを指摘。要因に幼児教育・保育の無償化や、臨時休園時の保育料減免もあったが、所得が下押しされ、学校外教育を増加させる余裕の少なかった世帯が多かったとしている。

ミニ試験問題に
チャレンジ 　間違っているのは **どっち？**

1 白書では、企業の投資が少ない状況が続いている点を指摘し、グリーンやデジタルの分野の投資拡大を促している。

2 白書では、日本の企業はこの20年間、一貫して貯蓄が投資を下回っているという現状にも触れている。

答え：2　日本はこの20年間、一貫して貯蓄が投資を上回っている。

国際会議　法律　白書　国際

最頻出 20

白書
通商白書

ここが出る！
重要品目は特定国への依存を減らすべき

出題予想

東京都：★★★

特別区：☆☆☆

ウクライナ侵攻の影響

　世界経済について令和4年版通商白書は、ロシアのウクライナ侵攻がサプライチェーン（供給網）を乱していると指摘。そして、国際的な価格の高騰を招く要因の一つになっているとしています。価格の急激な変動は世界経済の不安要因であり、白書は「エネルギー安全保障や食料安全保障にも影響をおよぼしている」とし、問題視していることを明らかにしています。

◎**今後も続く国際商品の価格高騰**

　世界銀行の予測によると、ウクライナ危機のほかコロナ禍での物流の混乱、異常気象、脱炭素の潮流など複数の要因が重なったこともあり、エネルギーや食料、肥料、金属・鉱物といった国際商品の価格高騰は2022年をピークに、2023年も2021年を超える水準になるとしています。

希少資源供給減は日本にとってのリスク

　ウクライナ侵攻が日本に直接与える影響についても分析。2021年の輸出総額約83兆円に占める割合はロシアが1%、ウクライナが0.1%であることを示し、日本にとってロシアとウクライナは主要な貿易相手国ではないことを強調しています。ただし、ロシアなどに産地がかたよる希少資源はリスクがあることに触れ、自動車などの排ガス触媒に使うパラジウムを念頭に「供給途絶には留意が必要」と指摘しています。

◎**強まる経済安全保障の要請**

　そんなロシアに対して、日本を含むG7が中心となって制裁を科す一方、制裁に加わらない国も多く、世界経済が分断される懸念が強まっていることにも言及。米中対立や新型コロナウイルス流行も重なり、世界中でサプライチェーンの途絶リスクなど「不確実性」が高まっているとしています。

　また、「経済安全保障の要請が強まっている」とし、重要品目（半導体や蓄電池など）に関して特定の国への依存を減らさなければならないと訴えています。

ロシアはエネルギー、ウクライナは穀物が主要輸出品で、供給途絶にともなう価格高騰により世界経済が打撃を受ける可能性がある点も指摘。特にロシアなどと貿易上の結びつきが強かった欧州や新興国、途上国で影響が生じ、令和4年の経済成長率を押し下げるとの見通しも明らかにしています。

企業経営に大きな不確実性を生み出す4つの潮流

コロナ禍をきっかけに、デジタル変革（DX）、地政学リスクの増大、共通価値の重視、政府の産業政策シフトといったグローバルの潮流が加速している現状を白書は強調。これら4つの潮流が企業経営に大きな不確実性を生み出し、企業の付加価値の源泉に変化をもたらしている点も訴えています。そして、デジタル化による企業変革、政府が創出する需要の取り込み、経済安全保障や共通価値を付加価値に転換するビジネスモデルへと変革し、「付加価値創造型のビジネスモデル・産業構造」を実現することが必要であるとしています。

◯ 通商白書のポイント

❶ ロシアによるウクライナ侵攻を受けて、G7中心の先進国は、エネルギー分野を含め、前例のない大規模な経済制裁を迅速に導入・実施した。

❷ 制裁を契機に政治的分断への懸念が高まっており、自国中心主義や経済安全保障重視により多極化が進行する国際経済の構造変化を加速させた。

❸ 新興国・途上国の多くはロシアに配慮した中立的な姿勢を示している。

4つの潮流の中で地政学リスクと共通価値については、各国の国際ルール形成や政策ポジションの違いにより、ルールのブロック化が発生し、市場のブロック化も進行している。

ミニ試験問題に
チャレンジ 間違っているのは**どっち？**

1 ロシアのウクライナ侵攻がサプライチェーン（供給網）を乱し、国際的な価格の高騰を招く要因の一つになっているとしている。

2 日本にとってロシアとウクライナは主要な貿易相手国であり、特に希少資源はリスクが大きいと指摘している。

答え：2　日本にとってロシアとウクライナは主要な貿易相手国ではない。

白書
環境白書

ここが出る！
再生可能エネルギーは安全保障に寄与

温室効果ガスの削減対策

　令和4年版環境・循環型社会・生物多様性白書（環境白書）は、すべての国が温室効果ガスの削減義務を負うという国際枠組み「パリ協定」が合意されたことで、温暖化対策は「新たなステージ」に入ったと指摘。国内でも発光ダイオード（LED）照明機器導入を進めるなど、温室効果ガスの削減対策を強化する必要があるとしました。

　また、ウクライナ侵攻を機に、ロシア産資源への依存脱却の動きが広がっていることを踏まえ、太陽光などの再生可能エネルギーを「国内で生産可能で、エネルギー安全保障にも寄与できる」と評価。最大限の導入をめざす方針を明らかにしています。

◎**石炭火力発電新設での対応**

　温暖化対策に協力するため方法として、再生可能エネルギー導入など二酸化炭素（CO_2）の排出削減に取り組む電力会社から電気を買うという選択肢を紹介。排出量が多い石炭火力発電の新設については、電力業界全体でCO_2削減を達成できるよう、エネルギー効率が高い設備の導入などを国で指導していく考えも明らかにしています。

自然災害増加にともなう状況

　世界各国で豪雨や熱波などの自然災害が増加し、気候変動に関する災害の被害額は2017年までの20年間で約280兆円となるなど、保険の対象となる被害額が急増していることを指摘。気候変動問題は経済・金融のリスクでもあるということにも触れられています。

　豪雨などの災害による物的損害や事業の中止が増え、保険金は増加。2018年には、全国各地で記録的な大雨を観測し、日本における保険金支払いが過去最高となりました。2020年も、気象災害による農林水産業への被害額が2000億円以上にのぼるといった事例を取り上げ、気候変動への警鐘を鳴らしています。

◎食料に関連する温暖化

　温暖化ガスの排出量は食料に関連するものも多く、白書では人為起源の排出のうち２〜３割を占めるとしています。白書では、<u>食料生産量の調整は自然資源の保護とともに温暖化にも有用であると指摘</u>、国は賞味期限の迫った食品の食費を促し、外食で食べきれなかった食品の持ち帰りを推奨。2019 年度に 570 万トンあった日本の食品ロスを抑制する考えであるとしています。

再生エネルギー事業のメリット

　白書では、気候変動対策に加え、ウクライナ侵攻も念頭に「脱炭素社会への移行を加速することが重要」と明記。<u>地域での再生エネルギー導入は環境面だけでなく、新たな雇用の創出など地域経済にも好影響をもたらす</u>としています。

　ただし、再生エネルギー事業をめぐってトラブルが起きている地域もあるとし、環境配慮や合意形成を欠いた事業には環境影響評価（アセスメント）法にもとづいて改善を求めるなど、厳しく対応する考えも示しています。

◉ 白書のポイント

❶　「脱炭素」と並行して「循環経済」、「分散・自然共生」という多角的かつ、相関しているアプローチからグリーン社会の実現をめざす。

❷　地域資源を活かして脱炭素化をはかりつつ、持続可能で将来世代が希望を持つことのできる社会を引き継げることをめざす。

気候変動対策の観点から生物多様性の保全も必要であると指摘。里山などを「自然共生サイト（仮称）」として認定し、自然環境保護の機運を高める取り組みを進めていることにも白書は触れている。

ミニ試験問題に
チャレンジ　間違っているのは**どっち？**

1 白書では、太陽光などの再生可能エネルギーはエネルギー安全保障に寄与できないと指摘している。

2 白書では、食料生産量の調整は自然資源の保護とともに、温暖化にも有用であると指摘している。

答え：1　再生可能エネルギーを、エネルギー安全保障にも寄与できると評価。

右側縦書き：国際会議　法律　白書　国際

白書
男女共同参画白書

ここが出る！
女性の収入アップのための提案

出題予想

東京都：★★★

特別区：☆☆☆

家族の姿の変化と課題

　特集を「人生 100 年時代における結婚と家族～家族の姿の変化と課題にどう向き合うか～」とした令和 4 年版男女共同参画白書では、未婚率の上昇や共働き世帯の増加など結婚や家族の姿が多様化している現状を指摘。さまざまな政策や制度が戦後の高度成長期のままとなっている点や、「もはや昭和ではない」ことを訴えています。

　結婚は当たり前ではなく、婚姻関係は不安定になった点にも注目。女性が収入を低く抑えたままでは、離婚したり、夫が亡くなったりすると、とたんに貧困に陥るリスクがあるとしています。そのうえで、女性の収入アップをはかるため、税制の配偶者控除、年金の第 3 号被保険者制度、給与の配偶者手当の 3 つの制度を見直す必要があるとしています。

コロナ禍での結婚の状況

　白書では、近年、婚姻は年 60 万件で推移し、コロナ禍の 20 ～ 21 年は年 52 万件前後とさらに下がっていることを明らかにしています。これは、1970 年の婚姻数の半分であり、一度も結婚したことがない「未婚」や、離婚後に再婚しない「離別」が大幅に増えたとしています。

　2020 年で、30 歳時点の未婚割合は女性が 4 割、男性が 5 割。50 歳時点で配偶者がいない人は男女ともに約 3 割に及ぶとしています。50 ～ 60 代では、女性の約 2 割、男性の 1 割強が離婚経験者であることも示しています。

◎家族像の変化

　家族像も様変わりし、1980 年には「夫婦と子」「3 世代」の家族形態は全世帯の約 6 割を占めましたが、2020 年時点では 3 割強にすぎないことも明らかにしています。子のいる世帯は減り、「ひとり親と子」の世帯は 9％に増えていることもわかっています。最も多いのは 1 人暮らし世帯で約 4 割を占め、ここ 40 年で女性は 3.1 倍、男性は 2.6 倍になったとしています。

女性が低収入である要因と対策

1985年と2021年を比較して見た場合、専業主婦が減少する一方、女性がパートタイム労働をする世帯数は約3倍に増加している点についても言及。働いている既婚女性の約6割が年収200万円未満にとどまっている問題点についても提起しています。

女性が低収入である要因に、年収を一定額以下に抑えるため就労時間を調整する「就業調整」を挙げ、税制、社会保険、賃金体系の3分野で、収入を低く抑えたほうが世帯として有利になる制度があることが大きいとしています。

この問題の解消に向けて、専業主婦を前提とする配偶者控除や、厚生年金加入者の配偶者が保険料負担なしで年金を受け取れる「第3号被保険者制度」などを念頭に「さらなる取り組みが必要」と見直しを求めています。

さらに、個人単位の制度設計や、女性が経済的に自立できる環境づくりの必要性も強調しています。

◉ 女性の働き方を制限する3つの制度

❶配偶者控除・配偶者特別控除	所得が一定以下の配偶者がいる人が受けることができ、最大38万円を課税対象から引くことができる。
❷国民年金の第3号被保険者制度	会社員など厚生年金加入者に扶養される配偶者は保険料を払わなくても将来、基礎年金を受けることができる。
❸家族手当	多くの場合、配偶者の年収が一定以下とする支給条件がある。

婚姻歴のない30代の独身者は、男女とも4人に1人が結婚願望なしであることが白書で明確になった。「自由でいたい」という理由のほか、家事育児の負担や経済的な不安が挙げられている。

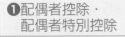

ミニ試験問題に
チャレンジ
間違っているのはどっち？

1 白書では、未婚率の上昇や共働き世帯の増加など、結婚や家族の姿が多様化した現状を指摘している。

2 白書では、女性がパートタイム労働をする世帯数が近年減少している点について言及している。

答え：2　女性がパートタイム労働をする世帯数は増加している。

最頻出

23

白書
観光白書

ここが出る！
コロナ禍でのワーケーション

出題予想

東京都： ★★★

特別区： ☆☆☆

コロナ化の水際対策の影響

　令和4年版観光白書は、2021年の宿泊をともなう国内旅行は1億4177万人と、前年比で11.8%減少したことを指摘。コロナ禍前の2019年と比べると54.5%減だったことも明らかにしています。

　減少の理由は、国外からの訪日客に対する水際対策などコロナ禍の影響が年間通じて広がったためであり、国内の旅行消費額は9.4兆円で、2020年比で14.5%減になったとしています。

　2021年の訪日客数は25万人にとどまり、欧米の主要国に水際対策の緩和が進まなかったことが要因と分析。2021年の宿泊施設の客室稼働率は34.5%にすぎなかったことも判明しています。また、日帰り旅行の人数は1億2644万人と、前年比で4.7%減少しています。

◎接客・給仕の職業の雇用

　旅行する人が減ったことにともなって、旅館やホテルの支配人らを含む「接客・給仕の職業」の雇用に大きな影響を与えたことについても指摘しています。2021年の「接客・給仕の職業」の有効求人倍率は1.9倍と、コロナ禍前の2019年の4倍から大きく低下。宿泊業の厳しい経営環境が明らかにあらわれた形といえます。

Go To トラベルの利用者が増加

　観光業が低迷する中、政府による国内旅行支援策として2020年7月から実施されたのが「Go To トラベル」です。この支援策の利用者が8781万人となり、期間中の日本人宿泊者数の52%にのぼったことが白書でわかっています。この事業の影響で、宿泊者と宿泊日数の利用者数は、10月と11月はいずれも2000万人を超えたとしています。

　新型コロナウイルス感染拡大で事業は2020年12月に全面停止になりますが、それまで旅行需要を喚起するのに十分役立ったことが判明しています。

この事業の１人当たりの割引支援額は約4649円で、支援総額は約5399億円。また、2020年の日本人による国内旅行消費額は10兆円で、前年比54％減であったとしています。

Go To 事業を停止したかわりに、宿泊事業者の感染防止対策や県内旅行の補助に予算の一部を振り替えましたが、宿泊事業者をめぐる環境は、依然として厳しいものであることがわかっています。

◎コロナ禍の働き方の変化

コロナ禍のテレワークなど、働き方の変化が旅行意識に影響している点も白書は指摘しています。年代別にコロナ後のワーケーションの意向を聞いたところ、20歳代は47.5％が希望するなど、若者を中心にワーケーションが注目を集めていることがわかっています。

● 2021年（令和３年）の世界の観光の状況

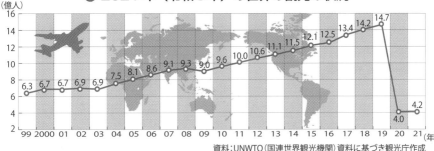

資料：UNWTO（国連世界観光機関）資料に基づき観光庁作成

「ワーケーション」…ワーク（仕事）とバケーション（休暇）をあわせた造語。テレワークを活用して、職場から離れた観光地などで観光と仕事の両方を行うという働き方を意味する。

ミニ試験問題に
チャレンジ　間違っているのは**どっち？**

1 2021年の宿泊をともなう国内旅行は、国外からの訪日客に対する水際対策などコロナ禍の影響が年間を通じて広がったため減少した。

2 年代別にコロナ後のワーケーションの意向を聞いたところ、高齢者を中心にワーケーションが注目を集めていることがわかった。

答え：2　若者を中心にワーケーションが注目を集めていることが判明。

白書
防衛白書

ここが出る！
反撃能力を白書に明記

出題予想

東京都： ★★★

特別区： ☆☆☆

中国の動向に強い懸念を表明

　令和4年版防衛白書は、中国の動向を「安全保障上の強い懸念」と改めて指摘したうえで、ロシアと軍事的な連携をさらに深化させる可能性がある点を「懸念を持って注視する必要がある」と強調しています。白書には、相手国のミサイル発射拠点などをたたくため、政府が保有を検討する「反撃能力」（敵基地攻撃能力）を初めて明記。ただし、「『先制攻撃』は許されないとの考えに変更はない」としています。

◎**中国に対する懸念**

　中国が国防費を増加させ、核・ミサイル戦力などを中心に「軍事力の質・量を広範かつ急速に強化」しているとも白書は指摘。AI など先端技術を活用する「智能化」をはかっていると分析し、安全保障上の強い懸念である傾向が一層強まっていると訴えています。

中国・台湾・北朝鮮に対する検証

　ロシアによるウクライナ侵攻に対しては、「侵略を容認すればアジアを含むほかの地域でも、一方的な現状変更が認められるとの誤った含意を与えかねない」としています。そして、国際的に孤立するロシアにとって、中国との政治・軍事的協力の重要性が高まる可能性を指摘。2022年5月には、中露の爆撃機が日本周辺を共同飛行したことなどに触れて「我が国を取り巻く安全保障環境に直接的な影響を与えるのみならず、アメリカや欧州への戦略的影響も考えられる」との懸念を表明しています。

◎**台湾問題と北朝鮮問題**

　台湾をめぐる問題について、アメリカが台湾への武器売却などで関与していることに触れ、中台の軍事バランスは中国側に有利になりつつあり、その差が拡大する傾向を指摘しています。

　北朝鮮については、近年の核・ミサイル開発を進める動きを考慮し、日本の安

全保障に対する「重大かつ差し迫った脅威」となっていることを明らかにしています。

国家安全保障戦略の改定

安全保障環境の変化に対応するため、政府は外交・防衛政策の基本方針「国家安全保障戦略」などの改定に向けて議論を進めていることを紹介。改定では「敵基地攻撃能力」から名称を変更した「反撃能力」の保有も含めて検討しているとしています。また、自国の防衛力の強化に加え、日米同盟の強化や普遍的価値を共有する国々との連携拡大に取り組む方針も示しました。

◉ 日本周辺の安全保障環境

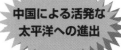

中国による活発な
日本海への進出

北方領土問題

竹島の領土問題

朝鮮半島を
めぐる問題

中国による活発な
太平洋への進出

中国による東シナ海における現状変更の試み
活動の急速な拡大・活発化

2022年度の防衛費予算は5兆4005億円と、G7、オーストラリア、韓国と比べGDP比は最も低い。英仏独などの1人当たり国防費は日本の約2～3倍とされる。なお、NATO加盟国は2024年までに対GDP比2%以上の国防支出で合意している。

ミニ試験問題に
チャレンジ　間違っているのは どっち？

1 相手国のミサイル発射拠点などをたたくため、政府が保有を検討するAIなど先端技術を活用する「智能化」を初めて白書に明記した。

2 白書は、国際的に孤立するロシアにとって、中国との政治・軍事的協力の重要性が高まる可能性を指摘した。

答え：1　政府が保有を検討する「反撃能力」（敵基地攻撃能力）を初めて明記した。

白書
厚生労働白書

ここが出る！
労働移動の活発さが低い日本

出題予想

東京都：★★★

特別区：☆☆☆

社会保障を支える人材の確保が課題

令和 4 年版厚生労働白書は、テーマとして「社会保障を支える人材の確保」を掲げ、医療・介護・保育などの人材確保の現状や施策を紹介しています。

白書では、医療や介護など福祉関連の人材が 2040 年に 96 万人不足すると推計し、人材確保が「社会保障の最重要課題」と訴えています。この問題に対応するため、医師の仕事の一部を看護師らに移管する「タスクシフト」や、職種を超え仕事を分担する「タスクシェア」、IT の活用について指摘。医療・福祉従事者の地域によるかたよりの解消も課題であるとしています。

転職入職率が低下

日本の労働移動についての状況にも触れています。コロナ禍の 2021 年の転職者数は 290 万人と、2019 年に比べて 63 万人（17.8％）減少。常用労働者数に対する転職者の割合である「転職入職率」は、コロナ禍前の約 10％から 2021 年は 8.7％まで低下したとしています。

新たに失業した人と再就職した人の合計が生産年齢人口に占める割合は、日本は 2001 年から 2019 年の平均で 0.7％と、OECD 加盟国平均 1.5％の半分程度であったことがわかっています。この指標は、労働移動の活発さをはかる指標であり、日本は低い水準のままであることが懸念されています。国際的に見ても、生産性向上や賃金上昇に向け、属する会社や仕事内容を変えることができる環境が重要であるとしています。

労働市場の流動性が低いことによるマイナス面

白書は、日本は雇用が安定している点にも着目。労働移動が活発だと企業から企業への技術移転や会社組織の活性化につながり、「生産性向上にも資する可能性がある」と指摘しています。しかし、日本は勤続年数 10 年以上の雇用者が 45.9％と、米英などに比べて多いことがわかっており、特に役職のある男性が

転職などに慎重であるとしています。

　終身雇用の会社では、中途採用者の社内でのキャリアパスが明確でないケースも多いため、転職しても新しい職場で能力が活かせなかったり、賃金が減ったりするリスクもあると、労働市場の流動性が低いことによるマイナス面を強調しています。

◎企業による「学び直し」支援の重要性

　労働移動を促す手段の一つが学び直しですが、取り組みが広がっていない点も指摘。取り組めない理由は男女とも「仕事が忙しい」が多く、「家事・育児が忙しい」と回答する女性も目立ちましたが、白書は「企業が費用面の支援や就業時間の配慮をしている場合、自己啓発をしている社員の割合が高い」として、企業による支援の重要性について言及しています。

● 世界の労働移動

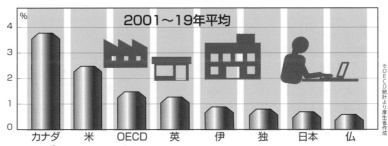

2001〜19年平均

※OECD統計より厚生省作成

政府は学び直しへの支援を強化。元の勤務先に所属したまま別の企業で働く、在籍型出向を支援する産業雇用安定助成金を拡充する計画で、スキル習得のため社員を別の企業へ出向させた場合、出向元の企業に賃金の一部を助成するとしている。

ミニ試験問題に
チャレンジ　間違っているのは**どっち？**

① 白書では、医療や介護など福祉関連の人材が2040年に96万人不足すると推計し、人材確保が「社会保障の最重要課題」と指摘した。

② 労働移動を促す手段の一つが学び直しであり、政府の後押しもあって取り組みが広がっている点を白書は指摘した。

答え：2　学び直しの取り組みが広がっていない点を白書は指摘。

白書
防災白書

デジタル技術を活用した災害対応

　令和４年版防災白書では、「大規模災害からいのちを守るために」のタイトルで特集が組まれ、2021 年に発生した主な災害とその教訓から検討された災害対策の方向などが示されています。

　そして、年々、自然災害が激甚化する中、デジタル技術を活用して災害対応にあたる必要があると指摘しています。

◎被災情報をより迅速に収集したり共有する

　白書では、自然災害が激甚化する中、被災情報をより迅速に収集したり共有できるツールを開発することや、情報集約支援チームを災害対応に活用するため自治体側も研修を行うことが必要であるとしています。

　カギとなるのはデジタルの活用であり、2021 年に起きた静岡県熱海市の土石流災害では、デジタル技術を活用した情報集約支援チームが派遣され、さまざまな機関が撮影したドローン映像を集約して一元化、災害対応の支援に活用されたことが紹介されています。

災害対策を拡充するポイント

　白書では、災害対策拡充として、①個別避難計画の作成・被災者支援システムの構築、②日本海溝・千島海溝沿いの巨大地震対策、③首都直下地震の帰宅困難者等への対策、④防災・減災、国土強靭化新時代の実現（デジタル・防災技術、事前対策・複合災害、防災教育等）、⑤学校における防災教育、⑥防災×テクノロジー官民連携プラットフォーム、⑦気候変動リスクを踏まえた防災・減災対策について、対策推進を示しています。

大規模災害に向けての BCP（事業継続計画）

　大規模災害では企業への影響も甚大なものが予想されます。それへの対策が、BCP（事業継続計画）であり、近年、企業に対して BCP に取り組む必要性が

呼びかけられてきました。

BCP（事業継続計画）は、企業が自然災害、大火災、テロ攻撃などの緊急事態に遭遇した際、<u>事業資産の損害を最小限にとどめつつ、中核となる事業の継続あるいは早期復旧を可能にするため、平常時に行うべき活動や緊急時における事業継続のための方法、手段などを取り決めておく計画</u>です。

◎ BCP への取り組み状況

白書では BCP への取り組み状況に対する調査を紹介しており、2021 年度に BCP を策定済みとした企業は、大企業で 7 割強、中堅企業で 4 割強と、政府が当初めざした「大企業はほぼ 100%、中堅企業は 50%」の目標には至らなかったものの、<u>2021 年に実施した前回調査よりも増加</u>したことが明らかになっています。

● BCP 策定企業の推移

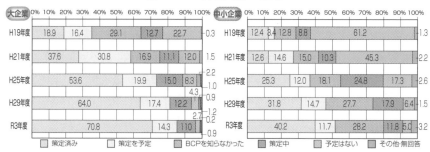

「アイサット（ISUT）」…大規模災害時に被災情報や避難所などの情報を収集・整理し、地図化するとともに、その専用サイトを開設するデジタル技術を活用するチーム。災害対応をする地方公共団体へ派遣され、災害対応機関の的確な意思決定を支援している。

ミニ試験問題にチャレンジ 間違っているのはどっち？

1 白書は、年々、自然災害が激甚化する中、デジタル技術を活用して災害対応にあたる必要があると指摘している。

2 BCP への取り組み状況に対する調査では、2021 年度に BCP を策定済みとした企業は、大企業よりも中堅企業の方が多かった。

答え：2　BCP を策定済みとした企業は、大企業で 7 割強、中堅企業で 4 割強。

白書
情報通信白書

ここが出る！
DX化推進のための人材が不足

ICTに関連する機器の供給網や通信網の強靱化

　日本の情報通信の現状や政策の動きを国民に伝える令和4年版情報通信白書は、情報通信技術（ICT）が社会を支えるインフラとなる中、関連する機器の供給網や通信網の強靱化が重要な課題になっていると指摘。東京近郊に多数が設置されているデータセンターについて、災害対応の観点から地方に分散することが求められると訴えています。

　データセンターはインターネットのサーバーなどを置き、膨大な情報を処理する施設。デジタル化でデータセンターの重要性が増す中、東京圏に一極集中していることへのリスクに警鐘を鳴らしています。もしも東京圏に大きな災害があったときには、通信環境に多大な影響が生じる可能性があるため、今後は対策が喫緊の課題であるとしています。

◎地方人口拡大につながるテレワーク

　労働力人口の減少や地域経済の縮小といった、現状の日本の課題についても言及。ICTが果たす役割について提言しています。

　特にコロナ禍以降に広まったテレワークを含む新たな働き方については、若者が都市部へと移ることなく地元に住みながら都市部の大企業に勤められることから、地方人口の拡大につながるとしています。

DXの人材面での不足が深刻な事態

　白書では、日米独中の4カ国の企業の計約3000社にデジタルトランスフォーメーション(DX)に関する調査を実施。デジタルトランスフォーメーション（DX）の課題として、日本の企業の7割が「人材不足」を挙げたことが明らかになっています。中国は56%、ドイツは51%、アメリカは27%であり、これらの国々に比べると高い水準であることがわかっています。

　また、日本の回答としては「技術の知識・リテラシー不足」が続き、人材面での不足が深刻な事態になっていることが浮き彫りになっています。

◎ DX を進める目的に対する回答

　デジタルトランスフォーメーション（DX）を進める目的では、各国ともに「生産性向上」「データ分析・活用」が多かったことも示されました。しかし、日本企業は効果が「期待以上」とした回答が米中独に比べて少なく、<u>「期待するほど効果を得られていない」の回答は４カ国の中で最も多かった</u>ことが指摘されています。

日本のテレワークの利用状況

　テレワークの利用状況については、テレワークを利用したことがあると回答した割合は、アメリカ・ドイツでは 60%弱、中国では 70%を超えたとしています。その一方、日本では 30%程度にとどまることも判明しています。

　テレワークの実施が困難な理由として、諸外国ではインターネット回線などの環境面や費用面が多く挙げられているのに対して、日本では<u>社内での「ルールや制度が整っていない」ことが 35.7%と最も多く挙げられました。</u>

◎電子行政サービスの利用状況

　行政分野に関しては、電子行政サービス（電子申請、電子申告、電子届出）の利用状況を見ると、諸外国では 60%以上の人が利用していますが、日本では 23.8%と４カ国と比べて低い結果になりました。理由として、諸外国ではインターネット回線の速度や安定性が不十分なことが挙げられた一方、<u>日本では「セキュリティへの不安」との回答が多かった</u>こともわかっています。

「**デジタルトランスフォーメーション（DX）**」…デジタル技術の活用による新たな商品・サービスの提供、新たなビジネスモデルの開発を通して、社会制度や組織文化なども変革していくような取り組みを指す。

ミニ試験問題に
チャレンジ 間違っているのは**どっち？**

1 白書では、情報通信のデータセンターについて、効率的な運用を鑑みて東京に集中することが求められると訴えた。

2 デジタルトランスフォーメーション（DX）の課題と企業に聞いた調査では、日本の企業の７割が「人材不足」を挙げた。

答え：1　災害対応の観点から地方に分散することが求められると訴えた。

65

白書
消費者白書

ここが出る！
もうけ話や定期購入のトラブルが多い

SNSに絡む相談件数は過去最多

令和4年版消費者白書では、交流サイト（SNS）の利用を通じた若者の消費者トラブルとして、小遣いを稼ごうとしてだまされたり、犯罪に巻き込まれたりする例も少なくないとし、警鐘を鳴らしています。

SNSが絡む相談件数は令和3年、全国の消費生活センターに5万406件寄せられ、平成25年の約5千件から年々増え続け、過去最多となっていることを指摘。20代が1万1264件、特に20～24歳が多く、副業や投資といったもうけ話や、脱毛や健康食品など美容に関する定期購入関連のトラブルが目立つとしています。

◎架空請求など全体の相談件数は減少へ

特に、民法改正で2022年4月から成人年齢が18歳に引き下げられたこともあり、若年層へのトラブル等への喚起については今後も大きな課題であるとしています。

なお、架空請求など全体の相談件数は85万2千件で、新型コロナウイルスに関連する相談が多かった2020年から約1割減ったとしています。

若者の自己肯定感の低さにつけこむ業者

消費者庁による2021年度の「消費者意識基本調査」では、「チャンスと感じたら逃したくない」と考える人が10代後半で74.6%、20代で71.3%であることがわかっています。リクルートによる2021年調査で、10代後半の女性41.9%、男性32.3%が「自分に自信を持ちたい」という気持ちがコロナ禍前より強くなったと回答した、としています。

白書は、こうした現状を変えたいという若者の気持ちや自己肯定感の低さが業者などにたくみに利用され、トラブルにつながっているのではないかと結論付けています。

コロナ禍がネットトラブル増加の原因に

　コロナ禍の影響で人間関係が希薄になっていることも、ネットでのトラブルに影響していると言及。若者は相談相手が少ない可能性があるとして、身近な相談先の把握が大切であるとしています。この点について意識調査では、行政の窓口や公的な相談員を「困ったときの相談先と考えていない」という質問に対する回答の割合が、10代後半は59.2%、20代で41.4%と、全体の24・6%より大幅に高いことがわかっています。

　白書では、知識や経験不足のほか、経済的余裕のなさなど若者一人ひとりの弱い点などに対応した注意喚起や消費者教育の必要性を訴えています。そして、相談先として、電話以外にも人工知能（AI）による自動対話システムを活用した相談体制の整備も課題に挙げています。

○ 消費相談の年代別内訳（SNSに関して）

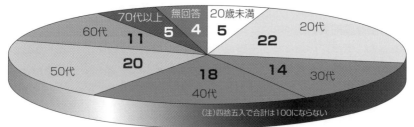

20歳未満	20代	30代	40代	50代	60代	70代以上	無回答
5	22	14	18	20	11	5	4

(注)四捨五入で合計は100にならない

調査では、1日のSNS利用時間が3時間以上と回答した人は20代が39%にのぼった。そのぶん、消費者トラブルに関連する広告を目にする機会も多く、被害に遭う可能性も高いとしている。

ミニ試験問題に
チャレンジ　間違っているのは **どっち？**

1 SNSに絡む若者の相談では、副業や投資といったもうけ話以上に、架空請求のトラブルが増加したと白書は指摘している。

2 白書は、現状を変えたいという若者の気持ちや自己肯定感の低さが利用され、トラブルにつながっているのではないかと結論付けている。

答え：1　架空請求のトラブルは減少している。

白書
警察白書

ここが出る！
サイバー事案への対処能力の強化

出題予想
東京都： ★★★
特別区： ☆☆☆

要人警護の検証および見直しを盛り込む

令和４年版の警察白書は、安倍元首相の銃撃事件を受けて、要人警護の検証および見直しを盛り込んでいます。例年、警察白書は７～８月に公表していましたが、７月８日に安倍元首相の銃撃事件が発生し、関連する記述や図表を加えるため、公表が延期となりました。警察白書の発行以来、個別事件への対応で原案を修正し、公表を遅らせるのは異例のことといえます。

◎**新しい警護要則を制定**

白書では、警察庁が事件後、警護についての「検証・見直しチーム」を設置したことを指摘。都道府県警任せの運用を大きく見直して、新たな「警護要則」を制定することにより、都道府県警に対する警察庁の関与を強化するとしています。さらに、警備局に新たな部署を設けることで、警視庁の SP（警護官）を増員するなど体制を大幅に拡充することとしています。

先端技術を用いた犯罪事例

今回の白書において、サイバー犯罪やドローンによるテロなど先端技術を悪用した事例を特集として取り上げています。マネーロンダリング（資金洗浄）などの可能性がある疑わしい取引の情報を、人工知能（AI）を活用して分析し、犯罪性が高いと予想される順に整理する取り組みについても解説しています。

◎**国家を背景に持つサイバー攻撃集団によるサイバー攻撃**

キャッシュレス決済サービスが普及しつつある中で、SMS 認証の不正な代行を行い、第三者に不正にアカウントを取得させる事案が多発していることに言及。ランサムウェアと呼ばれる不正プログラムによる被害の深刻化や手口の悪質化も問題となっており、市民生活にまで重大な影響をおよぼしているほか、近年、国家を背景に持つサイバー攻撃集団によるサイバー攻撃が発生しているとしています。

こういったサイバー事案への対処能力の強化をはかるため、警察法等を改正し、

警察庁にサイバー警察局を新設するとともに、関東管区警察局にサイバー特別捜査隊を新設したことに触れています。

先端技術を用いたテロへの対策

先端技術等を悪用したテロ等に関し、未然防止および事態対処の両面から、従来の手法と新たな手法とを効果的に組み合わせた対策を推進していることも、白書に盛り込まれています。小型無人機を悪用したテロ等の未然防止に努めているほか、核物質や特定病原体等を取り扱う事業所に、警察職員が定期的に立入検査を行うなどの指導をしているとしています。

また、インターネット上の違法情報・有害情報対策を強化、AI で交流サイト上の規制薬物に関連する書き込みを抽出したり、実証実験として防犯カメラ映像に写っている車の車種を特定する技術についても紹介しています。

◎サイバー警察局および関東管区警察局サイバー特別捜査隊の体制

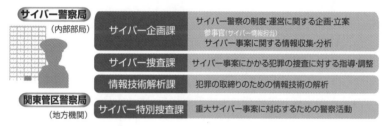

サイバー警察局（内部部局）	サイバー企画課	サイバー警察の制度・運営に関する企画・立案　参事官（サイバー情報担当）　サイバー事象に関する情報収集・分析
	サイバー捜査課	サイバー事案にかかる犯罪の捜査に対する指導・調整
	情報技術解析課	犯罪の取締りのための情報技術の解析
関東管区警察局（地方機関）	サイバー特別捜査課	重大サイバー事案に対応するための警察活動

キーワード

「**不正アクセス禁止法**」…不正アクセス行為や不正アクセス行為につながる識別符号（IDやパスワード等）の不正取得や保管行為、不正アクセス行為を助長する行為等を禁止する法律。

ミニ試験問題に
チャレンジ　間違っているのは**どっち？**

1 白書では、新たな「警護要則」を制定することで、都道府県警への警察庁の関与を軽減するとしている。

2 白書では、警察庁にサイバー警察局を新設し、関東管区警察局にサイバー特別捜査隊を新設したことに触れている。

答え：1　都道府県警への警察庁の関与を強化するとした。

最頻出
30

白書
エネルギー白書

ここが出る！
原子力活用の今後の動き

出題予想

東京都：★★★

特別区：☆☆☆

エネルギー価格高騰の日本への影響

　令和4年版のエネルギー白書は、ウクライナ情勢にともなうエネルギー価格高騰の影響を分析。世界的に液化天然ガス（LNG）の価格が大きく変動している現状をふまえたうえで日本について分析。日本は大半のLNGを原油に準じた価格で長期契約を結んで購入しているため、現時点では影響が小幅にとどまっているとしています。

　また、ウクライナ侵攻によりエネルギーの安全保障が世界共通の重要課題となっているとして、諸外国の原子力活用についても盛り込んでいます。

◎エネルギー価格上昇率が小さい日本

　白書ではEU全体、イギリス、アメリカ、日本、ドイツやフランスなどの各国の電気、ガス、ガソリンの消費者価格の推移を分析。2022年3月の電気代はすべての国で上昇しており、2019年1月を100とした場合、EUは140、アメリカが114、日本が110であり、日本の上昇率が最も小さいことを指摘しています。

　ガス代も同様の傾向があり、イタリアが最大で147。EUは144、アメリカは125だったのに対し、日本は111と抑えられているデータを提示。こうした状況もあり、過度に再生可能エネルギーに依存することに対して、一度検討することも提言しています。

原子力発電は重要な選択肢

　国の原子力委員会は、ロシアのウクライナ侵攻以後に懸念されるエネルギーの安定供給や、温室効果ガスの排出量を実質ゼロとする「カーボンニュートラル」の実現といった課題に対応するうえで、原子力発電を重要な選択肢の一つと判断。白書では、地球温暖化への対応を「経済成長の機会」と捉え、エネルギーの安定供給を確保する手段として、原子力のあり方を考えていくことが必要と明記しました。

原子力活用の世界の潮流

2021年に閣議決定された「第6次エネルギー基本計画」では、令和元年度の電源構成のうち約6%だった原子力を、令和12年度には約20〜22%に増やすとしています。

アメリカ、イギリス、フランス、中国、ロシアも、カーボンニュートラルを宣言しており、原子力発電比率を高めるなどして原子力を活用する意向ですが、ドイツや台湾は、原子力発電からの撤退を決めていることも明らかにしています。世界各国のさまざまな動きがある中、日本でもエネルギー問題を日常生活に直結する『じぶんごと』として捉えることが重要であるとしています。

◯日本と欧米の電気代上昇の比較

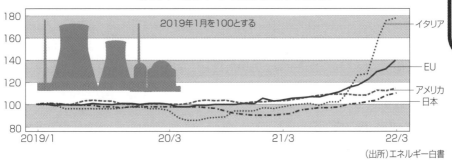

2019年1月を100とする

（出所）エネルギー白書

「**カーボンニュートラル**」…2020年に国が宣言した、2050年までに温室効果ガスの排出を全体としてゼロにするという考え方。二酸化炭素などの温室効果ガスの「排出量」から、植林、森林管理などによる「吸収量」を差し引いて、合計を実質的にゼロにすること。

ミニ試験問題に
チャレンジ 間違っているのは **どっち？**

1 エネルギーの安全保障が世界共通の重要課題となっているが、日本のエネルギー価格の上昇率は欧米と比べて小さいことを指摘した。

2 白書は、エネルギーの安定供給を確保する手段として、再生エネルギーの依存度を高めていくことが必要であると明記した。

答え：2 過度に再生可能エネルギーに依存することを一度検討すべきと提言。

国際
アメリカ中間選挙

ここが出る！
上院と下院で多数派が異なるねじれ議会に

出題予想　東京都：★★★　特別区：★★★

議会でねじれが生じた中間選挙

2022年11月に行われた中間選挙は、任期2年の下院435議席すべてと、任期6年の上院100議席のうち、およそ3分の1にあたる35議席が改選対象になり、4年に1度ある大統領選の2年後に実施されるものです。

選挙での争点は、中絶の権利維持や民主主義の危機、インフレ対策など。2年後の大統領選を占う意味でも重要な位置付けを占めている選挙であり、選挙前には上下両院で民主が多数派を握っていた状況が変わるか、世界中から注目を浴びていました。

選挙結果は、連邦議会下院で野党・共和党が4年ぶりに過半数を奪還しました。上院は与党・民主党が多数派を維持、今後アメリカの議会は上院と下院で多数派が異なる「ねじれ議会」になることが決定しました。これにより、バイデン政権は残り2年の任期中、難しい政権運営を迫られます。

予想されたレッド・ウェーブ

事前の世論調査では、共和党が優位と予測されていました。40年ぶりとなる歴史的な高インフレのさなかの選挙ということで、支持率が低下するバイデン政権を支える民主党にとっては逆風下での選挙戦になるとみられていました。共和党のイメージカラーの赤を念頭に「レッド・ウェーブ」（赤い波）が起きているとして、連邦議会の上下両院で共和党が多数派を奪還する勢いだとも指摘されていました。

◎民主党ペロシ下院議長の去就

開票後は、郵便投票を含む期日前投票が前回の中間選挙より2割ほど増えたため、下院は投開票日以降も大勢判明がもつれる異例の展開になりました。結果、下院は過半数超えの222議席を獲得した共和党が勝利。バイデン政権は政策にかかわる予算案や法案の成立に、共和党の協力が欠かせなくなりました。下院の敗北を受けて、政権のナンバー3である民主党のナンシー・ペロシ下院議長は、

2023 年の新議会で下院民主党の指導部に立候補しないことを表明しました。

　選挙後の上院は、非改選議席を含めて民主党が 50 議席、共和党 49 議席で、ジョージア州のみどの候補者も過半数を獲得できずに決選投票を実施。選挙結果は民主党が勝利したため、民主党 51、共和党 49 となり民主党の多数派維持が決定しました。

◎知事選挙での当選者は女性が最多

　今回の中間選挙では、議会の上下両院の選挙のほか、全米 50 州のうち 36 州の知事を選ぶ知事選挙が同時に行われました。このうち当選を確実にした女性候補は民主党 8 人、共和党 4 人の合わせて 12 人に上り、過去最多だった 18 年前、2004 年の 9 人を上回って最も多くなりました。今後、ほかの選挙で女性候補者の増加につながることが期待されるとともに、2024 年大統領選の行方に影響を与えるとの見方もあります。

◎ 中間選挙での争点

	民主党	共和党
インフレ対策	バイデン政権がインフレ抑制法を制定。	インフレ抑制策を「インフレ加速策」と批判。
中絶の権利	連邦最高裁が中絶の権利について憲法上の権利を認めなかった判決に対し、選択の権利が奪われるとして反発。	中絶反対派が多いため、判決を支持。
移民政策	寛容な移民政策。	不法移民で治安が悪化していることを指摘。

UP プラス情報

中間選挙での結果を受けて、トランプ前大統領は 2024 年大統領選に出馬することを表明。通常より早い立候補の表明で、共和党の候補者指名争いを有利に運ぼうという戦略であるとみられている。

ミニ試験問題に
チャレンジ　間違っているのは**どっち？**

1 下院と上院の議席を争った選挙での争点は、中絶の権利維持や民主主義の危機、インフレ対策などであった。

2 連邦議会上院で野党・共和党が、下院は与党・民主党が多数派を維持、今後アメリカの議会は上院と下院で多数派が異なる「ねじれ議会」になることが決定した。

答え：2　下院で共和党が、上院は民主党が多数派を維持。

国際会議

法律

白書

国際

国際
昨年のアメリカ情勢

ここが出る！
バイデン政権のインフレ対策

一般教書演説にて超党派での協力を求める

　2022年3月、バイデン大統領は就任後初めての一般教書演説を行い、ロシアによるウクライナ侵攻について非難し、今後もロシアに厳しい制裁を科していく方針を強調しました。また、経済政策の最重要課題としては、急速に進行している物価上昇（インフレ）の抑制を掲げました。

　一般教書演説は、米大統領が1年間の内政・外交など政策全般にわたる施政方針を表明する演説であり、バイデン大統領は「インフレに対抗するよい政策がある。経済を成長させ、家庭のコストを下げる」と言及し、「よりよきアメリカの構築計画」と名付けた新たな経済対策を打ち出しています。

◎1兆円規模のインフレ対策

　新たな対策は、まず、前年に成立した1兆ドル（当時の約115兆円）規模のインフラ投資法にもとづいて、道路や通信網などのインフラを刷新するとしています。アメリカの製造業の国内回帰で、サプライチェーン（供給網）を効率化する方針も示しました。インフレの影響を緩和するために、生活コストを削減することも盛り込まれています。

バイデン政権の経済政策

　2022年8月、10年間で歳出総額4330億ドル（当時の約58兆円）規模の気候変動・医療対策法案（インフレ抑制法案）が成立しました。インフレへの懸念から当初計画に比べて歳出の大幅な圧縮を余儀なくされましたが、気候変動対策に過去最大規模の予算を投入したり、国民の医療費負担を軽減したりするなど、「大きな政府」を志向するバイデン政権の公約を一部実現しています。

　目玉は3690億ドルの気候変動対策で、電気自動車（EV）や環境性能の高いエコ住宅設備の購入に税額控除を設けるほか、太陽光パネルや風力発電タービンなど再生可能エネルギー設備に関連する企業に税制優遇措置を講じます。

　医療対策では、中低所得者向けの医療保険の援助を延長したり、製薬業界との

交渉で薬価引き下げをはかるしくみを創設したりするなど、家庭の医療費負担を軽くする政策を盛り込んでいます。

　一方、大企業に対しては15％の最低法人税率を課すなど課税強化も実施。実質的に課税ゼロとなっている大企業を問題視し、企業が稼いだ利益を、株主への還元ではなく社員の給料などに振り向けるよう促しています。

● アメリカ国内外での主な出来事

❶国家安全保障戦略（NSS）	2022年10月、外交・安全保障政策の指針となる「国家安全保障戦略（NSS）」を公表。中国を「国際秩序を変える意図と能力を備えた唯一の競争相手」とし、ロシアを「自由で開かれた国際システムに対する直接的な脅威」と非難した。
❷銃規制強化法	2022年9月、相次ぐ銃乱射事件を受けて、銃規制の法律が成立。アメリカでの銃規制法の成立は28年ぶり。21歳未満の銃購入者の身元確認強化に加え、ドメスティックバイオレンス（DV）加害者による購入について規制を強める。危害を加える恐れのある人物から銃器を没収できる州レベルの「レッドフラッグ（危険信号）法」の導入促進も盛り込む。
❸黒人女性初の連邦最高裁判事	2022年4月、黒人女性初の連邦最高裁判事候補に指名されたケタンジ・ジャクソン氏の人事を承認。トランプ政権で最高裁の保守化が進んだことより、民主党が上院で優勢なうちにリベラル派の「若返り」をはかることがねらい。

UPプラス情報

8月の政府のインフレ対策の軸足は気候変動や医療に置かれているが、アメリカの国民を苦しめているのはガソリンや食料品、家賃などの高騰であり、これらの価格抑制策は同法には盛り込まれていないことに対して批判的な声は大きい。

ミニ試験問題に
チャレンジ　間違っているのはどっち？

1　バイデン大統領は就任後初めての一般教書演説で、ロシアによるウクライナ侵攻を非難し、今後もロシアに厳しい制裁を科していく方針を強調した。

2　10年間で歳出総額4330億ドル規模の気候変動・医療対策法案が成立、医療対策では全世帯の医療保険の援助を延長するとしている。

答え：2　中低所得者向けの医療保険の援助を延長。

国際
昨年の中国情勢

ここが出る！
習氏が総書記3期目を続投

米欧日の経済制裁について反対の姿勢を表明

　2022年3月、中国の国会にあたる全国人民代表大会（全人代）が開催され、国防費の増額を盛り込んだ2022年予算案などを採択・承認しました。李克強首相は閉幕後に、ロシアに対する米欧日の経済制裁について「新型コロナウイルスのために困難を抱える世界経済の復興にとって打撃であり、各国に不利」と言及、反対の姿勢を強調しました。

　また、李首相は、「共に奮闘して『共同富裕』を着実に推し進め、人民の素晴らしい生活への憧れを一つひとつ現実のものにしていかねばならない」と、その年の施政方針演説に当たる政府活動報告で強調しました。

◎経済成長率の目標を設定

　2022年の経済成長率の目標は、前年の6％以上から引き下げ5.5％前後と設定しました。しかし「実現は容易ではない」と指摘。減税などによる企業の負担軽減について、前年を上回る2.5兆元（約45兆円）の企業負担軽減を進めることを明らかにしています。また、雇用の安定化に向けて、失業保険や労災保険の保険料引き下げなどの措置を延長するとしています。

◎中国の新型コロナウイルス対策

　新型コロナウイルス対策では、世界で規制緩和の動きが進む中、中国は厳格な「ゼロコロナ」政策を続行。出口戦略については「ウイルスはまだ変異を続けており、研究が必要。国際社会とともに団結し、世界が正常に戻るための条件を作っていく」と表明しました。

習氏の異例の3期目続投

　2022年10月、中国共産党の第20回党大会が開催され、新指導部を構成する党中央委員会の総書記に習近平氏を選出、習氏の異例の3期目続投が確定しました。総書記は中国共産党のトップのポストになります。

　中央委員の名簿には、党ナンバー2であり、胡錦濤前書記長系譜であった李

克強首相の名はなく、習氏への絶対的な忠誠を意味する「二つの確立」の意義を全党員が把握するよう求める党規約改正方針の決議案を採択しました。党規約の改正では、習氏が推し進める格差是正策「共同富裕」などの文言も盛り込まれ、「台湾独立に断固として反対し食い止める」との言葉が追加されています。

第20回党大会後の総会では、習政権による3期目指導部が発足、習氏は最高指導部メンバーを大幅に入れ替え、<u>自らと関係の深い人物を重用することで権力基盤を強固にしています</u>。

◯ 中国国内でのその他の出来事

❶上海ロックダウン	上海では、新型コロナウイルスの感染拡大にともない3月末〜5月末までロックダウンを実施。外出は厳しく制限され、企業活動やサプライチェーンにも大きな影響を与えた。9月には成都の市内全域を対象にロックダウンを実施した。
❷香港行政長官選	2022年5月、香港における政府トップの行政長官選挙が行われ、唯一の立候補者で中国政府の支持を受けた警察出身の李家超氏が圧倒的多数で当選。統制がさらに強まることが懸念されている。
❸中国デモ	2022年12月、ゼロコロナ政策によるロックダウンなどに対する不満が高まる中、新疆ウイグル自治区の住宅で火災が発生。ロックダウンによるバリケードなどが消化活動の妨げになったことで10人が死亡、デモが拡大していった。沈静化のため、政府は全土で新型コロナウイルス対策を緩和すると発表。

「**共同富裕**」…習近平国家主席が2021年に打ち出したスローガン。「貧富の格差を是正し、すべての人が豊かになることをめざす」としている。もともとは毛沢東が唱えたスローガンである。

ミニ試験問題に
チャレンジ 間違っているのは どっち？

1 全人代で李首相は、ロシアに対する米欧日の経済制裁について「新型コロナウイルスのために困難を抱える世界経済の復興にとって打撃」と言及した。

2 2022年の経済成長率の目標は、前年の5.5%以上から引き上げ6%前後と設定した。

答え：2　6%以上から引き下げ5.5%前後と設定。

国際
ロシアのウクライナ侵攻

ここが出る！
西側諸国の経済制裁と支援

ロシアが特別軍事作戦を開始

　2022年2月、ロシアはドネツク人民共和国とルガンスク人民共和国への国家独立承認と友好協力相互支援協定へ署名。プーチン露大統領はウクライナでの特別軍事作戦を開始すると述べて攻撃を開始しました。首都キーウ近辺を含むウクライナ各地で砲撃や空襲が行われ、これを受けてウクライナのゼレンスキー大統領は戒厳令を発布。18歳から60歳の男性を原則出国禁止にする「総動員令」に署名し、ウクライナは戦争状態へと突入。陸戦兵器や空襲、ミサイル攻撃等による軍事的な侵攻と、サイバー攻撃、国家および民間企業・団体により事業や取引の停止という経済制裁が組み合わさった、今までにない規模でのハイブリッド戦争へと進展していきました。

◎西側諸国の経済政策

　国連安全保障理事会ではロシア非難決議を採決し、西側諸国は経済政策を課すことを決定。EUと米英などが国際送金システムを担うSWIFT（国際銀行間通信協会）からロシアの銀行を締め出す制裁で合意します。さらにEUやG7は、石炭、原油の輸入禁止などの追加制裁の方針を表明しました。

東部ドンバス地方での攻防

　両国間で数度にわたる停戦協定が行われ、ウクライナ首都のキーウなどへの攻撃を「劇的に減らす」とするも、東部ドンバス地方へのロシア軍の攻撃は本格化。アメリカと欧州諸国の軍事同盟である北大西洋条約機構（NATO）は、ロシアに近い国に軍隊を送って応戦。武器の提供も行い、ウクライナを支援していきます。

　東部ドンバス地方で両軍の攻防は激化し、ウクライナもロシアが制圧した地域を奪還するなど戦局は一進一退の状況も見られましたが、ロシアはウクライナ東部の要衝リマンやマリウポリを占領、東部と南部を制圧していきました。

　9月、ロシアはウクライナ東部・南部のドネツク州、ルガンスク州、ザポリー

ジャ州、ヘルソン州の4州を併合したことを宣言。事前に4州で行われた住民投票では、ロシア編入への賛成が各州とも90%前後だったと発表されました。

10月には、ロシアのクリミア大橋が爆発され、ロシア軍はウクライナ全土にミサイルやドローンによる攻撃を実施。両国による長引く戦闘の影響として、世界の食料とエネルギー市場の不安定化が世界中に拡大していきました。

ウクライナ侵攻の背景

今回のロシアによるウクライナ侵攻の背景の一つに、ロシアの強い危機感があるとされています。NATOは、東西冷戦時代に旧ソ連と東欧諸国に対抗するためにできた軍事同盟ですが、ソ連が崩壊したときに16カ国だったNATO加盟国は、その後、東欧諸国が加わって今は30カ国に増加しています。旧ソ連のウクライナやジョージアの将来的な加盟も表明しており、ロシアはNATO拡大を自国への脅威ととらえていました。

◎ NATO 拡大の現状

ロシアとウクライナの戦闘が激化する中、ロシアと接するフィンランドとスウェーデンは、これまで中立化政策を取っていましたが、NATOに加盟を申請、NATO側も正式加盟を承認しました。ロシアによるウクライナ4州の併合を受けて、ウクライナのゼレンスキー大統領も、NATOに対し迅速な加盟を可能にする手続きを正式に申請すると表明しています。

UP プラス情報

EUは天然ガス輸入の約4割をロシアに依存しており、中でもドイツは天然ガスの半分以上がロシアからの輸入。ロシア産のガスを海底パイプラインでドイツに送る「ノルドストリーム2」は2022年9月に破壊が確認され、ガス供給が停止している。

ミニ試験問題に
チャレンジ 間違っているのは **どっち？**

1 西側諸国はEUと米英などが国際送金システムを担うSWIFT（国際銀行間通信協会）からロシアの銀行を締め出す制裁で合意した。

2 ロシアはウクライナ東部・南部のキーウ州、ルガンスク州、ザポリージャ州、ヘルソン州の4州を併合したことを宣言した。

答え：2　ロシアが併合したのはキーウ州ではなくドネツク州。

国際
「オーカス」「クアッド」

ここが出る！
対中抑止という意味合いの枠組み

出題予想

| 東京都： | ★★★ |
| 特別区： | ★★★ |

米英豪の３カ国によるオーカス

　2021年9月、アメリカとイギリス、オーストラリアは、インド・太平洋地域における新たな安全保障パートナーシップ「オーカス（AUKUS）」の発足に合意しました。3カ国は、規則にもとづいた国際秩序という共同の約束に従って、インド太平洋地域での外交・安保・国防協力を深めていくことを強調。当面の構想に、オーストラリアの原子力潜水艦の保有の推進が挙げられました。

　オーストラリアは米英が原子力潜水艦の技術を供与することの影響で、フランスとの潜水艦の建造契約を破棄。これに対してフランスは猛反発しました。アメリカは釈明するものの、フランスは米豪両国から大使を召還するなど、関係性に影を落とす結果をまねきました。

　2022年4月には、米英豪3カ国で、極超音速兵器の開発に共同で取り組むと発表。同兵器の開発で先行している中国に対し、オーカスの連携を拡大してけん制するねらいがあります。

日米豪印の４カ国によるクアッド

　日本、アメリカ、オーストラリア、インドの首脳や外相らが安全保障や経済を協議する枠組みが「クアッド（QUAD）」です。構想は安倍元首相が、2006年に4カ国の戦略対話を訴えたのがきっかけで、2021年3月に初めて首脳協議が実現。クアッドは4カ国が、インド太平洋地域での協力を確認する場となり、その契機が中国の台頭です。中国は軍事費や国内総生産（GDP）で高い伸びを確保し続け、共同で対処する必要性が高まったことが背景にあります。

　北大西洋条約機構（NATO）のような軍事同盟という位置づけではありませんが、4カ国で合同軍事演習も実施する予定です。対中国に重心を移すアメリカのバイデン政権も、クアッドに中核的な役割を求めています。

◎開催されたクアッド首脳会議

　2022年5月には、クアッド首脳会議を開催。4カ国がインド太平洋地域に

おいて、5年間で500億ドル以上のインフラ支援・投資を行うことで合意しました。会議には議長の岸田首相のほか、バイデン米大統領、アルバニージー豪首相、モディ印首相が出席し共同声明を発表。中国が進出を強める東・南シナ海情勢について「現状を変更し、地域の緊張を高めようとするあらゆる威圧的、挑発的または一方的な行動に強く反対する」ことが盛り込まれました。

一方、ロシアや中国を名指しで非難する文言は、両国との関係悪化を懸念するインドに配慮し共同声明に盛り込まれませんでした。

さらに、4カ国が保有する衛星情報をインド太平洋地域諸国に提供する「日米豪印衛星データポータル」の推進や、次世代通信規格「5G」や「ビヨンド5G」などをめぐる協力も盛り込まれています。

● オーカスとクアッドによる対中抑止

クアッドは、外交・安全保障だけでなく、インフラ整備、テロ対策、サイバーセキュリティ、新型コロナウイルス感染症対策、気候変動対策などの幅広い分野で協力・協調していくとしている。

ミニ試験問題に
チャレンジ 間違っているのは どっち？

1 オーカスの当面の構想として、オーストラリアの原子力空母の保有が推進されることになっている。

2 クアッドは北大西洋条約機構（NATO）のような軍事同盟という位置づけではないが、4カ国で合同軍事演習も実施する。

答え：1　オーカスの当面の構想はオーストラリアの「原子力潜水艦」の保有。

最頻出
36

国際
台湾情勢

ここが出る！
ペロシ米下院議長が台湾を訪問

出題予想

| 東京都： | ★★★ |
| 特別区： | ★★★ |

中国と台湾に対するアメリカの姿勢

2021年1月、アメリカ政府は台湾の外交官や軍事関係者の接触を自主制限してきた内規の撤廃を発表。これまでアメリカは、中国に対して配慮してきましたが、台湾との関係を強め、中国への圧力を一段と強める態度を表明しました。3月には、台湾の周辺海域で軍事的圧力を強める中国に対応するため、米台両国で沿岸警備を強化することで合意、作業部会を設置するとしています。

◎中国の「台湾統一は歴史的任務」へ反発

7月、中国共産党創立100年の記念式典で、習国家主席が「台湾統一は歴史的任務」と演説したことに台湾政府は強い不満を表明。台湾政府は「中国は民主主義を抑圧し、人権と自由を侵害してきた。現実を直視し、台湾の民意を尊重すべき」などと反論しました。

同月、アメリカの国家安全保障会議（NSC）のキャンベル・インド太平洋調整官は、台湾との関係について「強力で非公式な関係を支持しているが、独立は支持しない」と言及。中国と台湾は1つの国に属するとする「一つの中国」政策を従来通り踏襲する立場を示しました。中国の武力侵攻を誘発してむしろ情勢を不安定にしかねないため、アメリカは台湾による一方的な独立は支持しない立場をとってきたという経緯があります。

11月、台湾の国防部は、2021年版国防報告書（国防白書）を発表。そこで、統一圧力を強める中国による情報戦など、明確な武力攻撃でない手法で台湾に被害を与える「グレーゾーン作戦」の脅威について指摘しています。また報告書では、中国の武力侵攻を視野に、アメリカとの連携強化も強調しています。

台湾は「両岸関係」の緊張緩和を期待

2022年8月、ペロシ米下院議長が台湾を訪問、蔡英文総統と会談し、「台湾の自由を守る米議会の決意を示した」との声明を出しました。この動きに対して中国は猛反発し、中国人民解放軍は台湾周辺で合同演習を開始。台湾本土を取り

82

囲む6カ所での大規模軍事演習を実施するなど、台湾海峡をめぐる緊張が一層高まる結果を招いています。

9月にアメリカの国務省は、台湾への対艦ミサイル60基や空対空ミサイル100基などの売却を新たに承認。売却額は約1550億円で、バイデン政権発足後で最大となりました。これを受けて台湾は「台湾の国防を重視し、台湾を守るとの約束を実行に移した」とアメリカへの謝意を表明しています。

11月、蔡総統は自身が代表を務める与党・民進党が統一地方選挙で大敗した責任を取り、党主席を辞任すると表明しています。

◉ 台湾をめぐる日米中の関係

日本	有事の際 同盟国として 支援を期待	アメリカ
台湾が中国の一部だとする中国政府の立場を「理解し、尊重する」	←	台湾関係法で台湾防衛に関与 台湾が中国の一部だとする中国政府の立場を「認識」する

重要市場として経済重視 ↓　　**米中対立**　先端技術で覇権争い
人権問題
南シナ海問題など　　支持・支援強化 ↓

中国	軍事的挑発 国際社会で 締めつけ	台湾
台湾統一は悲願 「一つの中国」原則堅持を国際社会に求める	→	民主主義の発展、台湾人意識の高まり 安全保障上の地理的要衝 半導体などサプライチェーンの中心

「一つの中国」…中国、マカオ、香港、台湾は中華民族の統一国家「中国」でなければならないとする政策的立場および主張。中国にとって核心的利益に関わる問題であり、中国政府は台湾と国交を結んでいる国とは外交関係を結ばないという姿勢を貫いている。

ミニ試験問題に
チャレンジ　**間違っているのは**どっち？

① 中国共産党創立100年の記念式典で、習国家主席は「台湾統一は考えていない」と演説した。

② 2022年11月、蔡総統は自身が代表を務める与党・民進党が統一地方選挙で大敗した責任を取り、党主席を辞任すると表明した。

答え：1　習国家主席は「台湾統一は歴史的任務」と演説した。

国際
IPEF の発足

ここが出る！
重要物資や先端技術の供給網を強化

出題予想　東京都：★★★
特別区：★★★

インド太平洋地域の通商ルール

　2022 年 5 月、バイデン米大統領は、アメリカが主導する新たな経済連携「インド太平洋経済枠組み（IPEF：アイペフ）」の発足を宣言しました。「インド太平洋地域の国々の力強く公平な経済成長に向けて、我々が 21 世紀の経済ルールを作っていく」と強調。経済協定である TPP や RCEP ではなく、アメリカが主導する IPEF がインド太平洋地域の通商ルールになることを主張しました。

◎ **IPEF を構成する4分野**

　IPEF は①公平で強靱性のある貿易、②供給網（サプライチェーン）の強化、③インフラ、脱炭素、④税、反汚職の 4 つで構成されます。貿易をめぐる労働・環境問題への対応やデジタル貿易などに加えて、半導体など重要物資や先端技術の供給網を強化することで「脱中国依存」をめざす枠組みになります。

当初の参加国は 13 カ国

　IPEF には当初、日本を含む 13 カ国が参加（のちにフィジーが参加表明）。RCEP 交渉から離脱したインドや、TPP に加入していないインドネシアが含まれており、TPP や RCEP をしのぐ広がりを持つ枠組みになります。

　IPEF が TPP や RCEP と決定的に異なるのは、関税を相互に撤廃する「自由貿易協定」ではないことです。参加国は一部の分野だけ加わることも可能なため、経済連携枠組みとしての効果は TPP や RCEP におよばない可能性も指摘されています。

IPEF の閣僚級会合を開催

　9 月には、14 カ国が参加する IPEF の閣僚級会合が行われました。参加国は正式な交渉を始めることで合意し、サプライチェーンの強化や脱炭素など 4 分野で声明をとりまとめています。

　会合では、IPEF の掲げる 4 つの分野に対して、日本を含む 13 カ国が全分野

の交渉に参加することで合意しました。会合に参加した<u>インドは貿易分野への参加は見送ることを表明</u>。国境を越えた自由なデータ移転の実現をめざす日米などと隔たりが埋まっていないことが理由です。

◎供給網確保での協力体制

参加国が最も交渉に積極的なのは供給網分野でした。新型コロナウイルスの感染拡大を受け、自動車などの生産に不可欠な半導体や医療品などの供給が滞り、各国とも有事における重要物資の確保が課題になっていました。共同声明には、<u>供給網混乱に関する情報共有や供給網の早期回復に向けた協力体制の構築</u>などを盛り込み、クリーン経済分野では温室効果ガスの排出削減のための技術革新やエネルギー安全保障の強化で協力すると表明しています。

● IPEF の枠組み

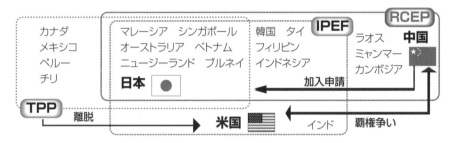

IPEF には 4 カ国協力を推進する日米豪印のほか、韓国、ニュージーランド、インドネシア、タイ、マレーシア、フィリピン、シンガポール、ベトナム、ブルネイの計 13 カ国が参加を決定。参加国の国内総生産（GDP）の合計は世界全体の約 40％を占める。

ミニ試験問題に
チャレンジ 間違っているのは **どっち？**

1 IPEF は、半導体など重要物資や先端技術の供給網を強化することで「脱ロシア依存」をめざす枠組みになる。

2 閣僚級会合の共同声明には、供給網混乱に関する情報共有や供給網の早期回復に向けた協力体制の構築などが盛り込まれた。

答え：1 「脱中国依存」をめざす枠組み。

国際
日韓問題

契機となったのが元徴用工訴訟問題

　以前より日本と韓国は、竹島問題や従軍慰安婦問題などを抱えていましたが、契機となったのが 2019 年に発生した元徴用工訴訟問題です。この問題は、日本の植民地時代に朝鮮半島から動員された元徴用工の韓国人４人が新日鉄住金に損害賠償を求めた韓国の最高裁の判決で、新日鉄住金に約 4000 万円の賠償を命じる高裁判決が確定したことに端を発します。

　しかし、日韓の和平の基礎となった日韓請求権・経済協力協定で、植民地時代における請求権問題の完全な解決を定めており、日本は「国際法に照らしてありえない判断」と批判。韓国に対して、再三の協議や第三国を交えての委員会の設立を申し出たものの、韓国は応じない姿勢を見せました。

◎射撃用の火器管制レーダーを照射

　2018 年 12 月には、日本の排他的経済水域内である石川県の能登半島沖で、海上自衛隊のＰ１哨戒機が韓国海軍の駆逐艦から射撃用の火器管制レーダーを照射されたと発表。日本政府は韓国政府に「不測の事態を招きかねない危険な行為」として抗議、両国間の対立が表明化しつつありました。

GSOMIA 破棄表明から撤回へ

　対立が深刻化する中、日本は半導体が主力輸出品である韓国に対して、半導体製造に使われる素材３品目の輸出規制を実施。さらに 2019 年 8 月以降は韓国を、安全保障上、信頼関係を築くことのできる「ホワイト国」（グループＡ）の指定から外すことを表明しました。

　一方韓国は、北朝鮮の弾道ミサイル発射などに日米韓が連携して対応するための軍事情報包括保護協定（ジーソミア）を破棄することを発表。協定が破棄されることで、北朝鮮、中ロの脅威に対する日米韓の連携も弱まる恐れが指摘されました。その後、協定の失効期限前日に一転、継続することを表明、日韓問題が安全保障に影響をおよぼす事態は免れました。

日韓関係が「戦後最悪」になっている中、2020年の菅政権発足後に韓国側の政府高官や国会議員ら要人が相次ぎ来日。日韓による新たな「共同宣言」を出して元徴用工問題や日本による対韓輸出管理の厳格化などの懸案を棚上げする「政治的解決」を提案しましたが、日本はその提案を受け入れませんでした。

慰安婦訴訟の確定から会談へ

2021年1月、日本政府に賠償を命じた韓国の慰安婦訴訟の判決が確定。判決は日本政府に、原告に対し1人当たり約950万円の慰謝料支払いを命じるというものでした。日本政府は、国家は外国の裁判権に服さないとする国際法上の「主権免除」の原則にのっとり、控訴しませんでした。原告は資産の差し押さえに動かず、韓国政府も日本とのさらなる対立は望まない意向を表明しました。

◎日韓問題の融和に向けての歩み

2022年7月、林外務相は韓国の朴外相と会談、元徴用工問題を早期に解決することで一致しました。5月に尹政権が発足してから日韓外相の正式会談は初めて。冷え込んだ両国関係の修復をめざし、ハイレベル対話を本格化させました。

日本は「元徴用工問題で進展がなければ首脳会談はしない」との立場でしたが、岸田首相は9月にニューヨークで尹大統領と懇談という位置づけで約30分間対話。尹大統領が元徴用工問題に関して現状を説明したとみられており、11月の日韓首脳会談（P.114）への布石となりました。

2021年11月、ワシントンで行われた日米韓の次官級協議では、協議後に予定していた3者による共同記者会見について、日本の外務省は韓国の警察庁長官が竹島（韓国名・独島）に上陸したことを受け「不適切だと判断」し、見送られた。

ミニ試験問題に チャレンジ 間違っているのは どっち？

1 韓国の慰安婦訴訟の判決が確定、日本に慰謝料支払いを命じたが、日本政府は国際法上の「主権免除」の原則にのっとって控訴した。

2 日本は「元徴用工問題で進展がなければ首脳会談はしない」との立場だったが、岸田首相は9月にニューヨークで尹大統領と約30分間対話を行った。

答え：1　日本は主権免除の原則にのっとって控訴しなかった。

国際
北朝鮮情勢

ここが出る！
米中に対する関係性の変化

東京都： ★★★

特別区： ★★★

核を増強する路線に回帰

2021年1月、北朝鮮の第8回朝鮮労働党大会が5年ぶりに開催され、この大会で党総書記に就いた金正恩氏は核を増強する路線に回帰する方針を明確にしました。アメリカに強硬姿勢を示しながら、中国とは友好関係を維持することも明確にし、ミサイル発射実験の再開をほのめかしました。

◎**対米外交は強硬姿勢を表明**

北朝鮮とトランプ米政権との関係はすでに過去のものであり、対米外交は強硬姿勢にかじが切られています。北朝鮮としては、経済制裁を解除させ、核保有国として生き延びることをめざし、貿易の9割を依存する中国とは良好な関係を維持する方針です。

北朝鮮によるマレーシアとの国交断絶

3月、北朝鮮は資金洗浄などの罪に問われた北朝鮮の活動家をアメリカに引き渡したことを理由に、マレーシアとの外交関係を断絶する声明を発表しました。マレーシアは、不法資金で購入した品を北朝鮮に送ったとして活動家を拘束。アメリカはこの活動家を国際的犯罪組織のリーダーと見ており、マレーシア最高裁が米司法当局への引き渡しを決定しました。これに対して、北朝鮮は「完全な謀略」と主張し、マレーシア政府は北朝鮮が外交関係の断絶を宣言したことに「深い遺憾」を表明。在マレーシア北朝鮮大使館の職員に対して退去を命じました。

繰り返されるミサイル発射

2022年1月、ミサイル発射による北朝鮮の一連の挑発行為への対応として、大量破壊兵器の開発・拡散に関与したなどとして、北朝鮮の1団体および7個人をアメリカの資産凍結措置の対象に追加指定。北朝鮮はこれに強く反発しました。同月、朝鮮労働党政治局会議が招集され、金氏は「シンガポール朝米首脳会談以降、われわれが朝鮮半島情勢の緩和の大局面を維持するために傾けた誠意あ

る努力にもかかわらず、アメリカの敵視政策と軍事的脅威がもはや黙過すること
のできない危険ラインに至った」と発言し、<u>中止を宣言した核実験や大陸間弾道</u>
<u>ミサイル（ICBM）発射の再開</u>を示唆しました。

　以降も、ミサイル発射は断続的に行われ、11月には北朝鮮が1日で20発を
超すミサイルを発射したことを受けて、国連安全保障理事会は対応を協議するた
めの緊急会合を開催。<u>中国とロシアが北朝鮮を擁護する中、安保理として一致し</u>
<u>た対応はとれませんでした</u>が危機感を示す国は多く、中露以外の13カ国が北朝
鮮を非難する共同声明を相次いで発表しました。

国際会議　法律　白書　国際

◯ これまでの北朝鮮の主な首脳会談

❶南北 首脳会談	2018年4月、金委員長と韓国の文大統領が、金正恩体制で初となる南北首脳会談を実施。南北の首脳会談は約10年ぶりで板門店宣言に署名。
	2018年9月、文大統領が平壌を初めて訪問し、両首脳間では2回目となる南北首脳会談を実施。平壌共同宣言に署名。
❷米朝 首脳会談	2018年6月、史上初の米朝首脳会談。トランプ前大統領が北朝鮮に体制保証を約束し、金委員長は「完全な非核化」に向けて、取り組むことを確認。
	2019年2月、ベトナムの首都ハノイで行われたトランプ前大統領と北朝鮮の金委員長の首脳会談。発表されるはずだった合意文書の署名は見送られた。
	2019年6月、南北の軍事境界線にある板門店で面会。トランプ前大統領は徒歩で境界線を越えて北朝鮮側に入って3回目の会談を行った。

2021年7月に南北両首脳が親書を交わし、関係改善をはかる考えで一致し
たことを表明し、北朝鮮は1年余り断絶していた韓国との直通の通信回線の
復旧を実行。食糧不足が深刻さを増す中、文政権による対話再開の呼びかけ
に乗り、窮地からの打開をはかるねらいがあると考えられている。

ミニ試験問題に チャレンジ　間違っているのは どっち？

1 金総書記は核を破棄する路線をとる方針を明確にし、アメリカには強硬姿
勢を示しながら、中国と友好関係を維持することを明確にした。

2 2022年1月、北朝鮮の一連の挑発行為への対応として、北朝鮮の1団体
および7個人をアメリカの資産凍結措置の対象に追加指定した。

答え：1　金正恩氏は核を増強する路線に回帰する方針を明確にした。

最頻出
40

ここが出る！
ウクライナ侵攻に対する対策

出題予想

東京都：★★★
特別区：★★★

国際
ヨーロッパでの選挙①

フランス大統領選

　2022年9月に行われたフランス大統領選は、現職で中道「共和国前進（当時）」のエマニュエル・マクロン氏が、極右政党「国民連合」のマリーヌ・ルペン氏を破り、再選を決めました。マクロン氏は得票率58.54％で、ルペン氏は41.46％でした。前回2017年の選挙で対決した際はマクロン氏の圧勝でしたが、今回は差が縮まったことになります。投票率は71.99％で、前回の74.56％を下回りました。任期は2027年までの5年間。現職大統領が再選を決めたのは、2002年のジャック・シラク元大統領以来20年ぶりです。

◎親EU対反EUの構図

　マクロン氏の再選は、ウクライナ情勢への対応などが評価されたことに加え、左派の有権者を取り込むための、地球温暖化対策の強化などが支持された形です。一方ルペン氏は、EUの権限縮小を唱え、ウクライナ侵攻をめぐる対露制裁ではロシア産の石油や天然ガスの禁輸に反対の立場を表明。燃料代などの付加価値税引き下げで低・中所得者層の支持拡大もはかりました。

　今回の勝利を受けて、マクロン氏は引き続き、ウクライナ情勢などでEU各国と結束して取り組む考えを表明しています。

イタリア総選挙

　イタリアのドラギ首相の辞任を受けて、2022年9月に行われた総選挙では右派「イタリアの同胞」を中心とする政党連合「中道右派連合」が勝利。「イタリアの同胞」は政党別でも第1党となり、党首のジョルジャ・メローニ氏がイタリア初の女性首相となりました。

　今回の選挙で、政党連合「中道右派連合」が上院で112議席、下院で237議席となり、過半数を獲得。連合の中心で第1党となった「イタリアの同胞」のメローニ党首を首班とする連立政権が樹立されました。ドラギ前政権で連立与党の一角だった民主党を中心とする政党連合「中道左派連合」は、上院で42議席、

下院で 84 議席と低迷しています。

◎ EU や NATO と緊密に連携

　メローニ氏は自国優先主義を訴え、選挙前より「極右」とも称されていました。ウクライナ情勢などをめぐり、欧州内の結束が維持できるか不安視されていましたが、ロシアによるウクライナ侵攻などに関して EU や NATO と緊密に連携する姿勢を強調。エネルギーなどの価格高騰対策に取り組む考えです。

イギリス党首選

　2022 年 9 月、イギリス与党・保守党の党首選決選投票の結果が公表されました。当時の首相のジョンソン氏がコロナ禍の行動規制中にパーティーへ参加した一連の不祥事を受けて辞任を表明、後任としてエリザベス・トラス外相とリシ・スナク前財務相の 2 人に絞られました。その後、約 17 万人の党員を対象とした投票が 7 月下旬から実施され、トラス氏が 8 万 1326 票を獲得し、6 万 399 票のスナク氏を退けました。

　トラス氏は減税を進め、国民の負担軽減に取り組むことを公約として掲げて、外交・安全保障政策はジョンソン氏同様、対露・対中強硬姿勢を維持する方針を示しました。トラス氏はサッチャー、メイ両氏に続き、3 人目の女性首相です。

◎イギリス史上、最も短い在任期間

　トラス首相は、大型減税によって経済成長を促す政策を掲げましたが、財政悪化への懸念から市場の混乱を招いたと指摘されて、政策を相次いで撤回する事態に陥りました。求心力が低下する中、トラス首相は保守党の党首を辞任。就任から 45 日目での辞任となり、イギリスの首相の中で史上、最も短い在任期間となりました。トラス英首相の後任を決める与党・保守党の党首選では、スナク元財務相一人だけの立候補となったため、トラス氏の次期首相就任が決定しました。

ミニ試験問題に
チャレンジ 間違っているのは**どっち？**

1 2022 年 9 月に行われたフランス大統領選は、現職で極右政党のマクロン氏が、中道政党のルペン氏を破り、再選を決めた。

2 イギリスのトラス首相は、大型減税によって経済成長を促す政策を掲げてきましたが、財政悪化への懸念から市場の混乱を招き、辞任した。

答え：1　マクロン氏は中道、ルペン氏は極右政党。

国際
ヨーロッパでの選挙②

ここが出る！
スウェーデンの政権交代

スウェーデン総選挙

2022年9月に行われたスウェーデンの総選挙は、ロベーン首相率いる中道左派の与党・社会民主労働党が第1党を維持。一時は第1党をうかがう勢いを見せた極右・スウェーデン民主党は、改選前の42議席から62議席へ勢力を伸ばし第2党へと躍進しました。しかし、社会民主労働党を率いるアンデション首相は、右派が多数派であることより、選挙での敗北を認めて辞任。連立協議の末、3党による少数連立政権になり、第3党になった穏健党（中道右派）のクリステション党首が新首相に就くことになりました。第2党のスウェーデン民主党は閣外協力で政権を支えることになりました。政権交代は8年ぶり。

◎新政権のもとでも安全保障政策は継続

スウェーデンはヨーロッパ諸国の中でも、中東やアフリカなどからの移民や難民を積極的に受け入れる政策をとってきましたが、スウェーデン民主党は移民の増加によって治安や福祉が脅かされていると主張。支持を伸ばしてきたこともあり、新政権が移民政策を大きく見直すことになる可能性が指摘されています。

ロシアによるウクライナへの軍事侵攻を受けて、スウェーデンはNATO（北大西洋条約機構）の加盟を申請していますが、新政権のもとでもこうした安全保障政策は継続される予定です。

ポルトガル総選挙

2022年1月に実施された、2022年度予算案が議会で認められなかったことを契機として前倒しになったポルトガル総選挙は、コスタ首相率いる政権与党の中道左派・社会党が単独過半数の117議席を獲得して勝利しました。

最大野党の中道右派の社会民主党は、70議席近くと議席を大幅に減らして敗北。また、改選前は1議席だけだった極右的な政策を掲げる新興政党シェーガは12議席を獲得し、第3党になるなど大きく躍進しました。

少数与党のコスタ政権は左派政党との限定的な閣外協力に頼ってきましたが、

提案した予算案を協力政党の共産党と左翼ブロックの離反で否決され、政権運営が行き詰まっていました。コスタ首相は今回の選挙結果を受けて勝利宣言し「国民は安定した確実な政府を望んでいる」と言及。迅速なコロナワクチン接種、最低賃金の引き上げの公約などが評価されての勝利となりました。

ハンガリー総選挙

2022年4月に、ハンガリーで総選挙が行われました。強権政治でEUと距離を取るオルバン首相率いる右派与党「フィデス・ハンガリー市民連盟」が、反オルバンで結集した野党連合を破り、勝利しました。

フィデス・ハンガリー市民連盟の与党連合の議席数は全体の約3分の2に達し、オルバン氏は「我々は大勝利を収めた」と宣言。打倒オルバンを掲げて6党が結束した野党連合は伸び悩んだ。オルバン氏は首相として連続3期、12年にわたり首相を務めており、今後も長期政権を築くことになります。

◎**有権者は戦争に関わらない姿勢を評価**

オルバン氏はさまざまな局面でEUの方針と対立しており、選挙戦の対戦相手としてEU官僚を挙げました。また、ハンガリーは隣国ウクライナへのロシアの侵攻を非難する一方、欧州諸国の武器を自国経由でウクライナに供与することは拒否。野党連合は、オルバン政権は「親ロシア」との批判を展開したが、有権者は戦争に関わらない姿勢を評価したと考えられています。

イギリスのEU離脱（ブレグジット）にみられるように、現在のEU各国でも反EUの動きはある。その大きな理由が、自国に関わる重要な事柄を加盟国の国民が選べず、欧州委員会の委員よりなるEUに決められる点が挙げられる。

ミニ試験問題に　**チャレンジ**　間違っているのは**どっち？**

1 2022年9月に行われたスウェーデン総選挙は、ロベーン首相率いる中道左派の与党が敗退、極右・スウェーデン民主党が第1党へと躍進した。

2 2022年4月にハンガリーで行われた総選挙では、EUと距離をとるオルバン首相率いる右派・与党「フィデス・ハンガリー市民連盟」が勝利した。

答え：1　ロベーン首相率いる中道左派の与党が第1党を維持。

国際
最近のヨーロッパ情勢

ここが出る！
EUのIT企業を規制する法律

新型コロナウイルス感染症の拡大に揺れる各国

2022年は、ロシアによるウクライナ侵攻のキーワードにより、ヨーロッパ全体がくくられた一年といえるでしょう。

❶EU（欧州連合）	2022年7月、巨大IT企業を包括規制する「デジタル市場法案」と「デジタルサービス法案」を可決。デジタル市場法案は、巨大プラットフォーム企業に自社のサービスをライバル企業より優遇したり、あるサービスで収集した個人情報を別のサービスに利用したりするのを禁じるもの。オンライン上で市場全体を支配するような大企業の影響力に歯止めをかけるねらい。デジタルサービス法案は企業に違法コンテンツへの対応を義務付ける内容。ヘイトスピーチや海賊版の販売などを対象にするほか、ターゲティング広告も一部規制する。
❷イギリス	2022年2月にエリザベス二世女王陛下が英王室史上初めてとなる在位70年を迎え、6月に「プラチナ・ジュビリー」として記念行事が行われた。 9月、エリザベス二世女王陛下が96歳で崩御。世界各国のロイヤルや首脳がロンドンのウェストミンスター寺院で行われた国葬に参列。日本の天皇陛下も異例の参列となった。エリザベス女王の死去にともないチャールズ三世国王陛下が即位。 同月、相次ぐ不祥事で、求心力が急速に低下していたジョンソン元首相が辞任を表明し、トラス前外相が首相に任命されたが、首相就任から45日で辞任を表明。トラス首相辞任を受けて、党首選挙によりリシ・スナク前財務相が首相に就任。経済安定と信頼回復を政策課題の中心に据えることを表明した。スナク氏は42歳と、20世紀以降の英首相として最年少、インド系の両親を持つ移民2世で、初のアジア系としても注目された。
❸ロシア	2022年9月、プーチン大統領が部分的動員に関する大統領令に署名、予備役の30万人を動員する計画であると発表した。この動員令に対する抗議行動が、ロシア各地で続き、数百人が逮捕される事態になった。

❹フランス	2022年6月、フランス総選挙の決選投票が行われ、マクロン大統領の「共和国前進（当時）」を軸とする与党連合（中道）が多数とはいえ過半数を大幅に下回って敗北。一方で、左右両極の勢力が大きく躍進した。2016年創設の与党は地方に足がかりがなく、地方の高い失業率などもマクロン大統領への反感につながり、逆風となった。今後、法案の可決や不信任案の否決には野党の協力が不可欠となり、マクロン大統領にとっては今後、厳しい政権運営を迫られることになった。
❺ドイツ	2022年6月、ドイツ連邦議会はロシアによるウクライナ侵攻を受けた軍備増強に向け、国防費として1千億ユーロ（当時の約14兆円）の特別資金を拠出するための法案を可決。ドイツの国防費は北大西洋条約機構（NATO）加盟国が目標とする国内総生産（GDP）比2%超に拡大する。今回の軍備増強はドイツのショルツ首相が掲げていた方針にもとづくもので、冷戦の終結後数十年を経て老朽化しているドイツ軍の武器や装備を、標準的な水準に置き換えるとしている。 10月、ショルツ首相は、国内で現在稼働している原子力発電所3基すべてが、2023年4月まで稼働できる準備をすることを決定。当初は2基だけが2023年4月まで稼働できるようにし、1基は2022年内に止める方針だったが、ロシアが天然ガスの供給を止めるなどしてエネルギー市場が混乱、冬場の電力不足への対応としての判断となった。
❻イタリア	2022年7月、イタリアのドラギ前首相は、連立与党の主要勢力である左派「五つ星運動」が政権を離脱する動きを見せたとして、マッタレッラ大統領に辞表を提出。「五つ星運動」が政府の物価対策法案の採決で棄権したのを機に与党内部での分裂が表面化、辞意の表明で総選挙の前倒しとなり、自国優先主義を標榜するメローニ政権が誕生した。

国際会議

法律

白書

国際

ミニ試験問題にチャレンジ　間違っているのはどっち？

1 2022年9月、エリザベス二世女王陛下が96歳で崩御、エリザベス女王の死去にともないチャールズ三世国王陛下が即位した。

2 2022年6月、フランス総選挙の決選投票が行われ、マクロン大統領の「共和国前進」を軸とする与党連合（中道）が過半数を超えて勝利した。

答え：2 「共和国前進」を軸とする与党連合が多数とはいえ過半数を大幅に下回って敗北。

国際
核兵器禁止条約

ここが出る！
核保有国が条約に反対

出題予想 | 東京都： ★★★
特別区： ★★★

核兵器を違法とする初の国際条約が発効

2021年1月、核兵器の開発、保有、使用を全面禁止する初の国際法規である核兵器禁止条約の発効が、南太平洋のサモアからスタートしました。2020年10月までに批准した50カ国・地域で順次、効力が発生。本条約は、核兵器を「使用するという威嚇」までを禁じ、核兵器の実験や移転、配備の許可も禁止事項に含みます。

◎批准しない国に対する法的拘束力がない条約

核兵器禁止条約は2017年に、122カ国・地域の賛成で国連において採択されたものです。核兵器の使用などを禁じていますが、条約を批准していない国に対する法的拘束力は持ちません。

核保有国は条約に反対の立場

条約の批准国・地域は、アフリカが6、アメリカの州が21、アジアが8、ヨーロッパが5、オセアニアが10。核不拡散条約（NPT）が「核保有国」と定めるアメリカ、ロシア、イギリス、フランス、中国は、条約が安全保障情勢を考慮しておらず、核軍縮は段階的に進めるべきとして条約に反対の立場をとっているため、条約がめざす核兵器廃絶と、核軍縮を取り巻く国際情勢は険しいものといえます。また、北大西洋条約機構（NATO）加盟国も、批准していません。

◎日本も同条約の参加に慎重な姿勢

日本は、条約の核兵器廃絶という目標には共感する意向を表明しています。しかし、北朝鮮の核開発や中国の軍備増強など、安全保障面での環境が厳しさを増しているため、アメリカの「核の傘」による抑止力を維持・強化していくことが現実的だと判断。「日米同盟の下で、核兵器を持つアメリカの抑止力を維持することが必要である」として、同条約への参加に対して慎重姿勢を崩していません。

唯一の戦争被爆国である日本に対し、締約国会議にオブザーバーとして参加することを求める声もありますが、政府は「検討中」としています。

ウィーン宣言の採択

　2022年6月、核兵器禁止条約の初めての締約国会議が開催され、「核なき世界」の実現をめざす「ウィーン宣言」と、具体的な取り組みをまとめた「ウィーン行動計画」を採択しました。「ウィーン宣言」のポイントには、①核廃絶を実現する決意を再確認する、②核の使用や威嚇は国連憲章を含む国際法に反するもので、いかなる核による威嚇も明確に非難する、③9カ国がおよそ1万3000の核兵器を保有していることを深く憂慮、といった点が挙げられます。

　日本は、オブザーバーとしての出席もありませんでしたが、広島市長、長崎市長らが出席しました。

● 主な核軍縮の条約

条約名	内容	批准国
核不拡散条約（NPT）	1970年発効。核不拡散、核軍縮の交渉義務と原子力の平和利用。	191カ国
包括的核実験禁止条約（CTBT）	1996年採択。宇宙、大気圏内、水中、地下での核実験やほかの核爆発を禁止。	168カ国（未発効）
新戦略兵器削減条約（新START）	2011年発効。米ロの核弾頭やミサイル保有数を制限。	米ロ（2026年まで）
核兵器禁止条約（TPNW）	2021年発効。核兵器の開発、実験、生産、使用や威嚇行為を禁止。	50カ国（2021年1月に発効）

　冷戦終結の起点にもなった米露間のINF全廃条約が失効するなど、核兵器への縛りが姿を消す中、唯一残る米ロの核軍縮条約新戦略兵器削減条約（新START）の2021年の延長は協議が滞っていたが、2026年まで5年間延長することが決定した。

ミニ試験問題に
チャレンジ 間違っているのは **どっち？**

1 今回発効した条約について、NPTが「核保有国」と認めるアメリカ、ロシア、イギリス、フランス、イランは反対の立場をとっている。

2 2022年6月、核兵器禁止条約の初めての締約国会議が開催され、「ウィーン宣言」と「ウィーン行動計画」を採択した。

答え：1　NPTが認める「核保有国」にイランは入っていない。

国際
最近のアジア情勢

ここが出る！
韓国大統領選で尹氏が勝利

出題予想

| 東京都： | ★★★ |
| 特別区： | ★★★ |

主なアジア各国の動き

アジアおよびオセアニアの動きを見ていきましょう。

❶韓国	2022年3月に投票が行われた韓国大統領選挙は、保守系の最大野党「国民の力」の尹錫悦（ユン・ソギョル）氏が得票率で48.56％を獲得し、革新系の与党「共に民主党」の李在明（イ・ジェミョン）氏を0.73ポイントの僅差で破って当選。5年ぶりに保守政権となった。尹氏は2021年3月まで検察総長を務めた人物。政治経験はないが、検察改革を進めた文政権と対立した経緯から「反・文政権」の象徴として、保守陣営から出馬。尹氏は悪化した日韓関係の改善に取り組む姿勢もみせた。 11月、北朝鮮は米韓両軍が実施している演習を非難し、日本海に向けて、過去最多となる20発以上の多種類のミサイルを発射。このうち1発は、韓国が海上境界線と位置付ける北方限界線（NLL）の南方の公海上に落下。南北分断後、韓国の領海近くに弾道ミサイルが落下したのは初めてという事態を受け、韓国軍もNLL北方に空対地ミサイルを撃ち込む異例の対抗措置を取った。
❷スリランカ	2022年7月、コロナ禍の影響で観光業が低迷したことなどから外貨不足が深刻化し、燃料や食料の輸入が困難になり、反政府デモが拡大。経済危機による抗議デモが激化し、大統領公邸をデモ隊が占拠した事態を受けて当時のラジャパクサ大統領は辞任の意向を示し、スリランカから国外逃亡した。スリランカ政府は4月に、対外債務がデフォルト（債務不履行）状態に陥ったことを表明していた。 8月、深刻な経済危機に直面しているスリランカの議会は、国外逃亡したラジャパクサ氏に代わってウィクラマシンハ首相を新大統領に選出。任期は、ラジャパクサ氏の任期の2024年11月まで。ウィクラマシンハ氏は議会の投票で過半数の134票を獲得し、議場で「すべての政党との協力」を呼びかけた。

❸インド	2022 年 7 月、国連は、世界の人口が 11 月中旬に 80 億人を突破し、翌年にはインドの人口が中国を追い抜いて世界最多になるとの推計を発表。 9 月、インドのモディ首相はプーチン露大統領と会談し、ロシアによるウクライナ侵攻について「いまは戦争のときではない」と早期停戦を要求。ロシアが苦戦する中、友好国インドの首脳から公の場で停戦を求められる事態となった。
❹オーストラリア	2022 年 5 月、オーストラリアの総選挙が行われ、経済が低迷する中、有権者はモリソン前首相が率いる与党・保守連合からの政権交代を選択。労働党が下院で第 1 党になり、9 年ぶりに政権を奪還。労働党のアルバニージー党首が首相に選出された。労働党は与党時代、対中融和的な姿勢をみせていたが、アルバニージー氏は「中国は攻撃的になっている」と訴え、前政権同様の米欧を基軸とした外交・安保政策の推進を表明している。
❺フィリピン	2022 年 5 月に行われたフィリピンの大統領選挙は、フェルディナンド・マルコス元上院議員が、弁護士のレニー・ロブレド副大統領に、獲得票で 2 倍近くの差をつけて圧勝した。マルコス氏は 1986 年まで約 20 年にわたり独裁政権をしいた故マルコス元大統領の長男で、若者を中心として支持を獲得。麻薬撲滅作戦などドゥテルテ政権の路線を継承するとしている。
❻タイ	2022 年 8 月、タイの憲法裁判所は、プラユット首相に首相任期をめぐる裁判所の結論が出るまで職を離れるように命令。プラユット氏の在任期間が憲法の定める最大 8 年を超えるとして、野党が憲法裁に判断を求めていた。プラユット氏は命令を受け入れ、元陸軍司令官で与党・国民国家の力党党首のプラウィット副首相が首相代行に就任。プラユット氏は陸軍司令官だった 2014 年に軍事クーデターを主導、のちに首相に就任した。

国際会議

法律

白書

国際

ミニ試験問題に
チャレンジ 間違っているのは **どっち？**

1 2022 年 3 月に投票が行われた韓国大統領選挙は、革新系の与党「共に民主党」の尹錫悦氏が得票率で 48.56％を獲得して当選した。

2 スリランカでは経済危機による抗議デモが激化し、当時のラジャパクサ大統領は辞任の意向を示し、国外逃亡した。

答え：1 尹錫悦氏の「共に民主党」は保守系。

最頻出

45

国際

その他の国際関係

ここが出る！
NATO 首脳会議に日本の首相が初参加

出題予想　東京都：★★★
特別区：★★★

国際的なその他のできごと

2022 年の国際的に重要な出来事について以下にまとめます。

❶ NATO 首脳会議	2022 年 6 月、NATO 首脳会議がスペインのマドリードで行われ、岸田首相が日本の首相として初めて出席した。会議では、今後 10 年間の行動指針となる新たな「戦略概念」を採択し、ウクライナを侵略したロシアを事実上の敵国と認定。2023 年以降、危機時に対応する即応部隊を 30 万人以上に増強することで合意し、NATO 加盟を申請していたフィンランドとスウェーデンの加盟を認めることでも合意した。
❷ NPT 再検討会議	2022 年 8 月に行われた世界の核軍縮の方向性を協議する NPT（核拡散防止条約）再検討会議では、核リスクの低減や保有数の透明性向上の目標、行動計画などが議論された。これらを盛り込んだ「最終文書」にロシアが反対したことから、文書は採択されなかった。前回に続いて合意に至らなかったことで、世界の核軍縮が停滞するのは避けられない事態となった。
❸ TICAD チュニス宣言	2022 年 8 月、チュニジアの首都チュニスでアフリカ開発会議（TICAD）が開催された。アフリカで影響力を強める中国をにらみ、支援の規模よりも「質」を重視し、持続可能な経済成長をめざすアフリカ支援を進める方針を盛り込んだ「チュニス宣言」を採択。ロシアによるウクライナ侵攻について「深刻な懸念を表明する」と明記した。
❹ 米中首脳会談	2022 年 11 月、バイデン米大統領と中国の習近平国家主席とは G20 サミットが開催されるインドネシア・バリ島で会談。バイデン氏の大統領就任以来、対面形式での会談は初めて。バイデン大統領は台湾海峡の平和と安定を損なう中国の威圧的で攻撃的な行為に反対しつつ、米国の「一つの中国」政策に変更はないと強調。習国家主席は、台湾問題は「中国の核心的利益」、米中関係で越えてはならない最重要のレッドラインと牽制。近年、滞っていた政府間の対話の継続については合意した。

時事解説編

重要度別テーマ
時事対策

東京都と特別区で最頻出の４大テーマ以外の時事テーマを、重要度Ａ（出題される可能性が非常に高い）、重要度Ｂ（出題される可能性が高い）、重要度Ｃ（出題される可能性がある）の３つに分けて掲載しています。

政治

経済

国際

社会

最高裁判決

その他

政治
第二次岸田政権発足

ここが出る！
「政策断行内閣」と命名

新内閣で取り組む５つの課題

　2022 年 8 月、岸田首相は 19 閣僚のうち 14 人を交代させ、第二次岸田改造内閣を発足させました。首相は、新内閣が「政策断行内閣」であることを主張し、数十年に１度ともいわれる難局を突破するため、経験と実力に富んだ新たな政権を発足させたと述べました。

　新内閣で重点的に取り組む課題として、防衛力の抜本強化、経済安全保障政策の推進、新しい資本主義の実現を通じた経済再生、新型コロナウイルス対策の新たなフェーズへの移行と対応強化、少子化対策強化という５つを挙げています。

◎旧統一教会問題への対応

　首相は問題となっていた旧統一教会について、関係を点検し、見直すことを厳命し、それを了承した者のみを閣僚に任命したことを指摘。旧統一教会の政策が不当に自民党の政策に影響を与えたとは認識していないと強調。宗教団体が法令を逸脱した場合、今後も厳正に対処すること、悪質商法などの被害者救済に万全を尽くすこと明らかにしています。

挙党態勢による組閣

　党人事では、麻生太郎副総裁、茂木敏充幹事長、高木毅国会対策委員長が再任、総務会長に遠藤利明氏、政調会長に萩生田光一氏、選対委員長に森山裕氏が就いています。銃撃を受けて死去した安倍元首相の側近だった萩生田氏から、菅義偉前首相や二階俊博元幹事長と近い森山氏まで党内の各派閥の人物を起用することにより、挙党態勢を作っています。

◎防衛相は浜田靖一氏に交代

　閣僚には厚生労働相に３回目の登板となる加藤勝信氏、防衛相に２回目の浜田靖一氏が就任。デジタル相には河野太郎氏、経済安保相に高市早苗氏が就任しています。安倍元首相の実弟であり、健康状態を考慮して防衛相を交代させた岸信夫氏は国家安保担当の首相補佐官になっています。

そのほか、松野博一官房長官や鈴木俊一財務相、林芳正外相ら5人が留任しています。

初入閣は、衆院当選4回の小倉将信少子化担当相ら9人に上り、女性は2人。各派閥の要望に応じて「入閣待機組」中心の起用となっています。

◎旧統一教会との関わりのあった議員は交代

今回の内閣改造で、宗教団体・世界平和統一家庭連合（旧統一教会）や関連団体との関わりを認めた7人は交代しています。しかし、第2次改造内閣組閣後、新たに加藤氏、高市氏、林芳正外相、山際大志郎経済再生担当相、寺田稔総務相、西村明宏環境相、岡田直樹地方創生担当相の7人が、旧統一教会と関係があったことを認めており、山際氏を含む4人が辞任に追い込まれています。

● 岸田政権の閣僚人事

※＝のちに辞任・更迭　　赤色は初入閣

「内閣改造」…内閣総理大臣が内閣総理大臣指名選挙直後の組閣を除く時期に、国務大臣（閣僚）の相当数を一度に替えること。内閣改造によって成立した新内閣を改造内閣という。与党役員人事と連動して行われ、国会閉会中に行われることが多い。

重要度A　重要度B　重要度C

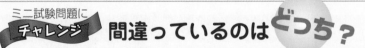

間違っているのはどっち？

① 新内閣は「政策断行内閣」であることを主張、経験と実力に富んだ新たな政権を発足させたと述べた。

② 初入閣は、衆院当選4回の小倉将信少子化担当相ら9人に上り、女性は4人で、各派閥の要望に応じた「入閣待機組」中心の起用となった。

答え：2　女性の入閣は2名。

重要度 A

47

政治
第26回参議院議員選挙

ここが出る！
改憲勢力が3分の2を確保

出題予想

東京都：★★★

特別区：★★★

自民党が勝利した選挙

2022年7月、第26回参議院議員選挙の改選定数は3増えて124（選挙区74、比例代表50）で、欠員1を加えて計125議席が争われました。

選挙期間中の安倍元首相銃撃事件の衝撃が残る中、自民、公明両党は改選124議席の過半数である63議席を確保して大勝。岸田政権は前年の衆院選に続いての勝利となり、政権基盤を固めました。憲法改正に前向きな自民党、公明党、日本維新の会、国民民主党の4党からなる「改憲勢力」は、今回の選挙で非改選とあわせ、国会発議に必要な参院の3分の2（166議席）を維持しました。

◎野党の主導権争い

一方、野党第1党の立憲民主党は、17議席と改選の23議席を下回りました。野党第2党の日本維新の会は改選6議席から12議席へと伸ばし、立民と維新が野党内の主導権を奪う勢いで肉薄しています。国民民主党は5議席、共産党は4議席、れいわ新選組は3議席、NHK党、社民党はそれぞれ1議席、無所属は5議席を確保。当時、政治団体だった参政党は1議席を獲得しています。

特徴的だったのは1人区（改選定数1）での勝敗であり、自民は32ある1人区で前回の22議席を上回り28議席を得ています。野党の協力が限定的だった今回の選挙で、与党が優勢となった理由の一つといえます。

女性の当選者が過去最高

投票率は選挙区で52.05%、比例代表で52.04%でした。選挙区は過去2番目に低かった前回2019年参院選の48.80%を3.25ポイント上回っていますが、2回連続の50%割れは回避したものの4番目の低さでした。

女性の当選は35人で、前回2019年と前々回2016年の各28人を上回り過去最多を更新。当選者に占める女性比率も2019年比5.4ポイント増の28.0%で過去最高となっています。各党は、政府目標にのっとり女性候補者を積極的に擁立しましたが、目標の「30%」には届きませんでした。

物価高対策が大きな争点

　今回の選挙では、物価高対策が大きな争点になり、どう賃上げを実現するかや消費税への対応をめぐって与野党が主張をアピールしました。また、安全保障政策、改憲なども重要な争点になりました。

　自民が改憲案として掲げていたのは、憲法9条への自衛隊の明記や、緊急事態条項の新設など4項目です。また、安全保障政策として、国内総生産（GDP）比2％以上を念頭に防衛費を増やす方針も掲げました。今回の結果は、これらの公約に一定の信任を与えることになります。

◉ 参議院選挙結果（改選、非改選の合計）

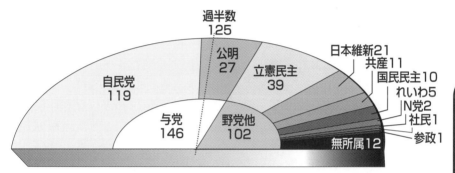

諸外国と比べて、日本の女性議員の少なさは際立っている。各国議会の国際組織「列国議会同盟」（IPU）によると、国際的には上院に当たる参院の女性議員比率（25.8％）は主要7カ国（G7）の中でアメリカに次いで2番目に低いとされている。

ミニ試験問題に
チャレンジ　間違っているのは どっち？

1 今回の選挙で、与党の自公と日本維新の会、国民民主党の4党からなる「改憲勢力」は、憲法改正の国会発議に必要な参院の2分の1を維持した。

2 野党第1党の立憲民主党は、17議席と改選の23議席を下回り、野党第2党の日本維新の会は改選6議席から12議席へと議席を伸ばした。

答え：1　憲法改正の国会発議に必要なのは参院の3分の2。

政治
岸田政権の政策

ここが出る！
新しい資本主義を標榜

成長と分配戦略で新しい資本主義をめざす

　岸田政権は、①新型コロナウイルス対策、②新しい資本主義の実現（成長と分配）、③国民を守り抜く外交・安全保障（毅然とした外交・安全保障）、④危機管理の徹底、⑤東日本大震災からの復興、国土強靱化、という５つの基本政策を2021年10月に打ち出しています。

◎岸田政権下での新型コロナ対応

　新型コロナ対応には、次の感染拡大を見据えた医療提供体制の確保、および新型コロナの脅威を社会全体として可能な限り引き下げることを挙げています。具体的にはワクチン、検査、飲める治療薬の普及により、予防、発見から早期治療までの流れを抜本強化するとしています。

　また、息の長い感染症危機への対応体制の整備として、変異株も含めた次の感染症危機に備えるため、国産ワクチンや治療薬の開発に5000億円規模の投資を実施。コロナ禍の経済回復に向けた支援には、新型コロナで困窮している人の生活を支え、事業の継続と雇用を守るとしています。

新しい資本主義の下での成長と分配

　政策の目玉となる新しい資本主義の下での成長戦略として、次の４つの政策を掲げています。１つ目は、科学技術によるイノベーションを推進し、経済の付加価値創出力を引き上げることです。２つ目は、デジタル田園都市国家構想です。この構想に4.4兆円を投入し、人口減少、高齢化、産業空洞化などの課題を、デジタルを活用することで解決していきます。

　３つ目は、気候変動問題を新たな市場を生む成長分野へと転換していく政策です。2050年カーボンニュートラルと、2030年度の温室効果ガス46％排出削減の実現に向けて、再生可能エネルギー導入のための規制見直しが挙げられています。クリーンエネルギー分野への大胆な投資も進めるとしています。

　４つ目は経済安全保障で、サプライチェーンの強靱化や基幹インフラの信頼性

確保を進めるため、新たな法案の提出をめざすというものです。

◎**新しい資本主義の下での分配戦略**

　岸田政権では、新しい資本主義の下での分配戦略として、次のような政策を掲げています。まずは国が率先して、看護・介護・保育・幼児教育などの分野において、給与の引き上げを行うという点です。民間企業の賃上げを支援するための税制面での環境整備にも全力で取り組むとしています。

　また、人への投資を積極化させるため、3年間で4000億円規模の施策パッケージを新たに創設。非正規雇用者を含め、学び直しや職業訓練を支援し、再就職や正社員化、ステップアップを強力に推進。企業における人材投資の見える化をはかるため、非財務情報の開示を推し進めます。さらに、女性の就労の制約となっている制度の見直し、勤労者皆保険の実現、子育て支援、家庭介護の負担軽減、若者・子育て世帯の負担増を抑制するための改革などを挙げています。

岸田政権の安全保障政策

　安全保障政策としては、日米同盟の抑止力・対処力の一層の強化、「自由で開かれたインド太平洋」の実現に向けた協力関係を挙げています。

　また、普天間飛行場の一日も早い全面返還や、新たな国家安全保障戦略、防衛大綱、中期防衛力整備計画、拉致問題の解決も盛り込まれ、核兵器不拡散条約運用検討会議の成功や、中国・ロシア・韓国といった近隣国との間で確固たる外交を展開していくことも明らかにしています。

「敵基地攻撃能力」…反撃能力と同じで、弾道ミサイルの発射基地といった敵の基地を直接破壊できる能力。岸田総理は所信表明演説で「敵基地攻撃能力」を備える選択肢を排除しないこと表明した。

重要度A　重要度B　重要度C

ミニ試験問題に　**チャレンジ**　間違っているのは**どっち？**

1 岸田政権での成長戦略として、科学技術によるイノベーションを推進し、経済の付加価値創出力を引き上げることを掲げている。

2 分配戦略として民間企業の賃上げを支援するため、賃上げ企業に補助金を交付することとなった。

答え：2　賃上げ企業に減税するという方針をとっている。

政治
2022年骨太の方針

ここが出る！
防衛力を5年以内に抜本的に強化

「新しい資本主義」の実行計画

　2022年6月、政府は「経済財政運営と改革の基本方針（骨太の方針）」を公表しました。骨太の方針は、政府の経済財政運営や来年度予算案の基本となるもの。ウクライナ危機などを踏まえ、防衛力を「5年以内に抜本的に強化する」と明記した点が目玉といえます。

　また、骨太の中核となる「新しい資本主義」の実行計画も決定。岸田首相が打ち出した「資産所得倍増プラン」については、年末に具体策をまとめることなどを盛り込んでいます。

◎重点分野への投資

　成長戦略である「新しい資本主義」は、人材や科学技術、新興企業や脱炭素・デジタルという4分野への投資を柱としています。人材への投資では、社会人の学び直し支援などに3年間で4000億円を投じることを盛り込んでいます。このほか、できる限り早期に最低賃金を1000円以上に引き上げることについても掲げられています。

　首相の掲げる「資産所得倍増プラン」は、貯蓄にかたよる国民の金融資産を株式など投資にシフトさせるのがねらいで、少額投資非課税制度（NISA）の拡充や個人型確定拠出年金（iDeCo）の改革などを進める計画です。

　また、脱炭素関連では、官民合わせて10年間で150兆円を投資するとしています。

防衛費の増額方針

　安全保障では、ロシアのウクライナ侵略をあげて、「インド太平洋地域においても力による一方的な現状変更やその試みが生じている」と指摘。防衛費の具体的な水準には触れていませんが、北大西洋条約機構（NATO）諸国が国内総生産（GDP）の2％以上の国防予算を確保しようとしている状況を紹介。防衛費の増額方針を打ち出しています。

◎歳出拡大の可能性についても示唆

　財政健全化では、国と地方の基礎的財政収支（プライマリーバランス:PB）を2025年度に黒字化させるという目標年限の記載はされませんでした。自民党内の積極財政派の反発を受けたことが理由であり、財政再建が後退した結果となりました。2023年度の予算編成の方針についても、歳出改革が「重要な政策の選択肢を狭めることがあってはならない」との文言を党内に配慮して追加。歳出拡大の可能性についても示唆しています。

◉ 2022年度骨太の方針のポイント

❶新しい 資本主義	資産所得倍増プランの策定／非正規含む100万人を対象に再就職など支援／出世払い型奨学金の本格導入／脱炭素社会実現に向け10年で官民合わせて150兆円投資、そのために新たな国債を発行
❷地方活性化	デジタル技術で地方を活性化するデジタル田園都市国家構想を推進
❸社会保障	現行の保険証の原則禁止をめざし、「マイナ保険証」へ移行／出産育児金の増額
❹防衛	5年以内に防衛力を抜本的強化／装備品などの輸出規制を緩和
❺経済安全保障	政府内に経済安全保障推進室を新設
❻財政	財政健全化の目標年限の記載を見送り

重要度A　重要度B　重要度C

「基礎的財政収支」…利払いなどに充てる国債費を除く歳出から、税収・税外収入を差し引いた額のこと。「プライマリーバランス:PB」とも呼ばれる。政策に必要な経費を主に税金で賄えているかどうかを示し、財政健全化の目安とされている。

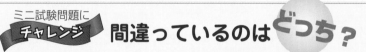

ミニ試験問題に　チャレンジ　間違っているのは**どっち？**

1　2022年の骨太の方針には、ウクライナ危機などを踏まえ、防衛力を「10年以内に抜本的に強化する」と明記した。

2　2022年の骨太の方針には、国と地方の基礎的財政収支を2025年度に黒字化させるという目標年限の記載はされなかった。

答え：1　防衛力を5年以内に抜本的に強化すると明記。

重要度 A

50

政治
令和5年度税制改正大綱

ここが出る！
暮らしに関係の深い内容が対象

出題予想 東京都：★★★
特別区：★★★

相続・贈与税に関する改正

　令和5年度の税制改正大綱が、2022年12月に決定されました。税制改正大綱は、経済・国際情勢の変化に合わせて、日本の税金のあり方から課税対象、個々の税率変更などについてまとめた方針です。

　今回の大綱の目玉の一つが、相続税・贈与税の緩和です。30歳未満の人が祖父母や親から学校の授業料などの教育目的で1500万円を上限に一括で贈与を受ける場合、贈与税が非課税になる優遇措置を2026年3月末までに3年間延長することになりました。ただし、相続税の課税対象の財産が5億円を超える富裕層については、非課税とする条件を厳しくするなど要件を見直します。

　また、結婚・出産費用を祖父母らから援助してもらう場合に、1000万円を上限に贈与税を非課税としている措置についても、2025年3月末までに2年間延長されます。

◎住宅取得時の贈与の非課税

　生前に贈与を受けた財産は、年間110万円までは贈与税がかかりませんが、亡くなった日から3年前までに受けた贈与については、これまで死後に相続した財産と合算して相続税を納めなければなりませんでした。今回の税制改正では、死後に合算する対象の期間を7年にまで拡大する方針で、実質課税強化ということになります。

　2500万円までの贈与をいったんは非課税としたうえで、相続の際にその分も合算して課税額を計算する「相続時精算課税制度」については、毎年110万円までは申告が毎年不要になります。制度の使い勝手をよくすることで、高齢世代の資産を子育て世代に移転するよう促すねらいがあります。

投資を活性化させるための優遇措置

　個人の資産運用を後押しするために作られたNISAは、購入した株式や投資信託などの売却益や配当金が一定の範囲内で非課税となるものです。今回の改正

では、制度が恒久化されて期限が無期限に、また投資枠の上限は最大 360 万円、非課税限度額は 1800 万円に引き上げられます。また、長期の積み立てを目的に投資信託だけを購入対象とする「つみたて投資枠」と、上場企業の株式などを購入できる「成長投資枠」を新たに設けます。

◎富裕層への課税強化

富裕層への課税は強化され、税の公平性の観点から 1 年間の総所得が 30 億円を超えるような富裕層のうち、非上場株など資産による所得が多い人を対象に 2025 年分の所得から追加の課税を始める方針です。

◉ 令和 5 年度税制改正大綱のその他の主なポイント

❶インボイス	売り上げが 1000 万円以下の事業者が「課税事業者」になった場合、仕入れなどで払った消費税がいくらであろうと、売り上げにかかる消費税のうち、一律で 2 割だけ納めればよいという軽減措置を導入。
❷エコカー減税	減税対象となる車の燃費基準を段階的に引き上げて、減税措置を延長。環境性能割やグリーン化特例も延長へ。
❸空き家対策	相続した家屋について、売却によって得た所得から最大 3000 万円を所得税の課税対象から控除する措置を 2024 年以降、4 年間延長。
❹スタートアップ支援	投資家が株式を売却して得た利益をスタートアップ企業に再投資する場合、売却益から最大 20 億円まで所得税の課税対象から除外。オープンイノベーション促進・研究開発支援に対する優遇措置を設定。

防衛費増額の財源確保のため、法人税（「付加税」方式で 4％～ 4.5％上乗せ）、所得税（復興所得税の一部を転用）、たばこ税（1 本当たり 3 円相当の引き上げ）で増税の措置を取ることを今回の税制改正に盛り込んだ。措置の施行時期は、2024 年以降としている。

重要度A
重要度B
重要度C

ミニ試験問題に
チャレンジ 間違っているのは **どっち？**

1 今回の税制改正で、150 万円を上限とする教育資金の贈与について、非課税になる優遇措置が 2026 年 3 月末までに 3 年間延長された。

2 NISA の優遇措置は制度が恒久化され、期限は無期限に、また投資枠の上限は最大 360 万円、非課税限度額 1800 万円に引き上げられた。

答え：1　教育資金の贈与の優遇措置で非課税になる上限額は 1500 万円。

51 政治 規制改革推進会議の答申

ここが出る！
答申の目玉はデジタル関連分野

取り組むべき 331 項目の答申

2022 年 5 月、政府の規制改革推進会議は政府に最終答申を提出しました。本会議は、経済社会の構造改革を進めるうえで必要な規制のあり方を話し合う場であり、政府の政策に大きな影響をおよぼします。今後取り組むべき 331 項目の答申をまとめており、医療や介護分野では人手不足に対応するため、在宅医療で職種を超えた仕事の分担を検討するとしています。

◎**改革の5つの重点分野**

改革の重点分野として、今後の日本の生産性向上、成長産業・分野を考えたときに、①スタートアップ・イノベーション、②「人」への投資、③医療・介護・感染症対策、④地域産業活性化（農林水産、観光等）、⑤デジタル基盤の5つの分野を重点分野としています。

答申の目玉であるデジタル関連分野では、オンラインでの診療・服薬指導をさらに拡大する規制改革や、世界に比べて遅れていた司法や刑事手続きの IT 化を盛り込んでいます。

オンライン化による負担軽減策

デジタルを活用した新規事業やベンチャー企業に対する支援では、法人設立の際に公証人が法人設立者らと対面手続きで定款を認証するという現行制度の負担軽減策を求めています。2022 年度に実態を調査し、オンライン化も含めて2023 年度に軽減策を検討しているとしました。

新たなシェアリング事業者が出てきている近距離の物流サービスでは、軽自動車を利用可能にするほか、タクシーと物流を兼業できる貨客混載も 2022 年度中に結論を出すよう求めています。

コンビニでの市販薬販売にともなうオンライン服薬指導

医療分野では、オンライン診療に一部残るアナログ規制の見直しのほか、コンビニエンスストアでの市販薬販売にともなうオンライン服薬指導に関する規制緩

和などが盛り込まれています。オンライン服薬指導の規制緩和については厚生労働省が後ろ向きでしたが、最終答申には2022年度に規制見直しの措置をすると明記。コロナ禍で進んだオンライン診療では、デジタル機器に不慣れな高齢者らも利用しやすくするため、通所介護施設や公民館など自宅以外でも受診できるように要求しています。これらの対象となる場所や条件を、今年度内に結論を出すよう厚生労働省に求めています。

　また、在宅医療で点滴薬剤の充填や交換、床ずれに薬を塗るといった行為を、看護師の代わりに薬剤師が担えるようにできないか検討を求めています。薬剤師が薬剤を届けても、訪問看護師の到着を待たないと投与できないケースがあり、見直しが求められていました。

○ 答申に盛り込まれた主な取り組み

❶医療・介護・感染症対策	介護事業所や公民館などオンライン診療できる場所の拡大／新型コロナの抗原検査キットを処方箋なしで買える一般医薬品化の検討
❷スタートアップ・イノベーション	法人設立の迅速化に向けて公証人の定款認証を実態調査／タクシーによる貨客混載可能地域の拡大
❸人への投資	テレワークやリカレント教育（学び直し）など多様な働き方に向けた環境整備
❹地域産業活性化	民泊の管理業務の担い手確保に向け、所定の講習を修了すれば管理業務者に認められるしくみの導入

重要度A
重要度B
重要度C

UP
プラス情報

規制改革推進会議は、経済社会の構造改革を進めるうえで必要な規制について、総合的に調査審議する内閣総理大臣の諮問機関。常設の機関として令和元年に設置された。

ミニ試験問題に
チャレンジ　間違っているのは どっち？

1 改革の重点分野には、①スタートアップ・イノベーション、②「人」への投資、③医療・介護・感染症対策、④地域産業活性化、⑤保育施設の充実がある。

2 オンライン服薬指導に関する規制緩和について、最終答申には「2022年度に規制見直しの措置をする」と明記した。

答え：1　保育施設の充実ではなくデジタル基盤。

重要度 A

52 政治
主な首脳会談

ここが出る！
軍事費の大幅増額をバイデン大統領に約束

出題予想

東京都：	★★★
特別区：	★★★

コロナ禍 2022 年以降の首脳会談

　岸田首相が、各国の首脳と個別に行った会談です。前年はコロナ禍の影響より電話会談が中心でしたが、2022 年以降は対面が中心になっています。

❶日米首脳会談	2022 年 5 月、岸田首相は来日中のバイデン米大統領と会談。会談やその後に発表された共同声明で、岸田首相は「敵基地攻撃能力」の保有検討をはじめ、軍事力の抜本的強化と軍事費の大幅増額をはかることをバイデン大統領に約束した。日米同盟をいっそう強固にし、覇権主義の行動を強める中国に対抗するためであり、増額の具体的な数字などは議題に上らなかった。また、中国情勢に関して、両首脳は香港情勢や新疆ウイグル自治区の状況に深刻な懸念を共有したと説明した。バイデン大統領は、新たな経済圏構想「インド太平洋経済枠組み（IPEF）」を設ける意義も強調。岸田首相も IPEF に参加する意向を示した。 11 月、岸田首相は訪問先のカンボジアの首都プノンペンで、バイデン米大統領と会談。両首脳は「強固な日米関係が地域と国際社会の平和と安定に果たすべき役割は大きい」との認識を共有し、日米同盟の抑止力・対処力を一層強化する方針で一致した。東シナ海・南シナ海情勢など中国をめぐる諸課題への対応で緊密に連携することも申し合わせた。ウクライナ情勢、北朝鮮情勢など、安全保障環境が厳しさを増しているとの認識も共有。「自由で開かれたインド太平洋」の実現に向け連携する方針で一致した。
❷日韓 　首脳会談	2022 年 10 月、岸田首相は韓国の尹大統領と会談。日韓首脳による正式な対面会談は、2019 年 12 月の安倍元首相と文大統領の会談以来、約 3 年ぶり。2022 年 5 月の尹政権発足後、初の首脳会談となった。会談では、元徴用工をめぐる問題について早期解決をはかることで一致。また、北朝鮮の脅威に対する非難、「自由で開かれたインド太平洋」の実現に向けて両国で連携していくことを初めて確認した。

❸日中 首脳会談	2022年11月、岸田首相は訪問中のタイ・バンコクで、中国の習国家主席と会談。日中首脳会談は2019年12月以来3年ぶりで、両氏が対面で会談するのは初。岸田首相は中国による尖閣諸島周辺での活動や弾道ミサイル発射など軍事的な活動について深刻な懸念を表明。習氏は台湾問題に関して「いかなる理由があろうとも中国の内政への干渉は認めない」と言及。両氏は安全保障分野での意思疎通は強化することで一致した。
❹日豪 首脳会談	2022年10月、岸田首相はオーストラリアのパースで同国のアルバニージー首相と会談し、新たな安全保障協力に関する共同宣言に署名。宣言には中国の台頭を念頭に安全保障上の利益に影響をおよぼし得る緊急事態に関し、相互に協議し対応措置を検討すると明記。資源エネルギー分野での協力でも一致した。
❺日独 首脳会談	2022年4月、岸田首相は来日したドイツのショルツ首相と会談し、ロシアによるウクライナ侵攻に対し、国際社会が毅然と対応することの重要性を確認。中国を念頭に、東・南シナ海での力を背景とした一方的な現状変更の試みに反対することでも一致した。両首相が対面で会談するのは初めて。
❻欧米5カ国歴訪 での首脳会談	2023年1月、岸田首相は欧米歴訪のスタートとなったフランスでマクロン大統領と会談。岸田首相が議長を務めるG7広島サミット成功へ連携する方針で一致。ウクライナに侵攻を続けるロシアへの厳しい制裁と、ウクライナへの支援を継続する必要があると確認。続いて訪れたイタリアではメローニ首相と会談。両国の関係を「戦略的パートナーシップ」に格上げすることで一致した。イギリスではスナク首相と会談を行い、自衛隊とイギリス軍が共同訓練を行う際などの対応を定める「日英円滑化協定」に署名。その後、カナダ、アメリカを訪問。アメリカでは日米同盟強化についてなどが話し合われた。

重要度A

重要度B

重要度C

ミニ試験問題にチャレンジ 間違っているのはどっち？

1 2022年5月の日米首脳会談で、岸田首相は軍事力の抜本的強化と軍事費の大幅増額をはかることをバイデン大統領に約束した。

2 2022年10月の日韓首脳会談では、日韓関係を悪化させた要因であった元徴用工をめぐる問題については触れられなかった。

答え：2 元徴用工をめぐる問題について早期解決をはかることで一致。

政治
防衛費増額

ここが出る！
防衛費増額で反撃能力の整備

出題予想

東京都：★★★

特別区：★★★

5年間の防衛費総額は約43兆円

2022年12月、政府は2023年度から5年間の中期防衛力整備計画の防衛費総額を約43兆円とする方針を発表しました。政府はこれまで「中期防衛力整備計画」のもとで5年ごとに防衛費の目安について定めていますが、43兆円はこれまでの防衛費の1.5倍にあたります。

防衛省は長射程ミサイルの開発・取得や弾薬の確保、老朽化した自衛隊施設の改修費用などを積み上げた結果として、約48兆円を要求していました。一方、財務省は30兆円台前半に抑えたい意向を主張。結果として総額約43兆円が双方の落としどころとなり、相手のミサイル発射拠点をたたく反撃能力の整備などにあてられることになります。

◎**5年後は現在のGDP比2％**

また、2022年度当初予算の防衛費は約5.4兆円でしたが、5年後の2027年度には防衛費と安全保障関連の経費を合わせ、現在のGDP比2％の11兆円規模に引き上げるとしています。

2027年度以降は年間1兆円程度が不足

防衛費の増額にともなう財源としては、政府は歳出改革、決算剰余金の活用、国有資産の売却などによる税金以外の収入を活用した「防衛力強化資金（仮称）」の新設で対応すると説明しています。

それでも不足する年間1兆円程度は、増税でまかなう考えも表明。与党がまとめた税制改正大綱では、2027年度に向けて複数年かけて段階的に増税を実施するとし、法人税、所得税、たばこ税の増税が盛り込まれています。

自民党は選挙公約で防衛費を5年以内にGDP比で2％以上に引き上げることを表明していた。また、岸田首相は日米首脳会談でバイデン米大統領に対して防衛力の抜本的強化を明言していた。

重要度 A

54

政治
物価高騰緊急対策

ここが出る！
ガソリンの目標小売価格を 168 円に

出題予想

| 東京都： | ★★★ |
| 特別区： | ★★★ |

政府の原油高・物価高緊急対策

　2022 年 4 月、政府は原油高・物価高に対する緊急対策を決定。ガソリン補助金の拡充や所得の低い子育て世帯への給付金などに国費 6 兆 2 千億円をあてることを表明しました。事業には民間の資金を含むものもあり、事業規模の総額は 13 兆 2 千億円になるとしています。

　原油高対策に 1 兆 5 千億円、小麦などの高騰対策に 5 千億円、中小企業の資金繰り支援に 1 兆 3 千億円、生活困窮者支援に 1 兆 3 千億円などが主な内容になります。

小売価格の引き下げと元売りへの補助金引き上げ

　原油高対策では、ガソリンの小売価格の目標を 1 リットル 172 円から 168 円に引き下げ、元売り各社への補助金を 1 リットルあたり最大 25 円から 35 円に引き上げています。

　また、子育て世帯の省エネ住宅購入への補助や、飼料の価格高騰を防ぐ基金への積み増しなどにも充てられます。

◎子ども 1 人あたりに 5 万円給付

　中小企業対策では、ウクライナ情勢の影響で収入の減少に苦しむ企業への貸し付けを支援。新型コロナウイルス感染拡大の影響を受けた企業への実質無利子・無担保融資の期限を 6 月末から 9 月末に延長しました。生活困窮者支援では、低所得の子育て世帯に子ども 1 人あたり 5 万円を給付するほか、地方創生臨時交付金を拡充し、自治体の困窮者支援を促すとしています。

UP プラス情報

10 月には物価高や円安を受け、総合経済対策を決定。電気料金の負担を緩和する支援制度では、家庭に請求される料金を 2023 年 1 月から 1 キロワットアワーあたり 7 円補助し、2 割抑制するとした。

重要度 A

重要度 B

重要度 C

政治
マイナ保険証

ここが出る！
マイナ保険証のメリット

出題予想

東京都：★★★

特別区：★★★

カードの取得は事実上の義務化へ

　2022年10月、政府は2024年秋に現行の健康保険証を廃止し、マイナンバーカードと一体化した「マイナ保険証」に切り替えることを明らかにしました。医療機関の受診に欠かせない保険証を切り替えることで、任意であったマイナンバーカードの取得は事実上の義務化になります。今回の切り替えは、まだ5割弱の国民しか取得していないマイナンバーカードの普及をめざすものでもあり、難航する医療や官公庁などのデジタル化を後押しするねらいもあります。

◎**スマートフォンにカードの機能を搭載**

　カードの普及を急ぐため、23年5月から米グーグル社の基本ソフト（OS）「アンドロイド」を採用するスマートフォンにマイナンバーカードの機能を搭載することも発表しましたが、アップル社の「iPhone」のOSへの搭載時期は未定です。また、電子取引でマイナンバーカードを使って本人確認する際に、企業が国に支払う電子証明書利用料を3年間無料にするとしています。

処方歴や医療費などを記録できるメリット

　マイナ保険証はすでに2021年10月から本格運用を開始していました。医薬品の処方歴や医療費などを記録できるというメリットがあり、利用者は専用サイト「マイナポータル」で閲覧が可能。医療機関も患者の同意を得て過去の診療情報などを確認できるため、患者情報をデジタル化して蓄積、活用する「データヘルス」の基盤と位置付けられています。ただ、マイナ保険証が使える医療機関などは全体の約3割と少ないため、政府は2023年度から医療機関や薬局に対してマイナ保険証に対応したシステム導入と運用を義務付けるとしています。

マイナンバーカードと運転免許証の一体化についても、2020年に政府が方針を公表。実現を2024年度末としており、今回前倒しを検討するとしている。ただし、運転免許証の廃止は現時点では検討していない。

重要度A

56

政治
GX 実行会議

ここが出る！
原発運転期間の延長

出題予想

東京都：★★★

特別区：★★★

GX 実現に向けての 10 年間のロードマップ

2022 年 7 月、脱炭素社会への転換に向けた道筋を検討する「GX（グリーントランスフォーメーション）実行会議」の初会合が開かれました。会議は GX 実現に向け、今後 10 年間のロードマップを示すことが任務。岸田政権は GX 実現に向け、今後 10 年間で官民合わせて 150 兆円の投資が必要になるとしており、このうち 20 兆円規模の「GX 経済移行債（仮称）」を発行して脱炭素の投資を大幅に拡充、支援する考えを示しています。

また、企業の二酸化炭素（CO_2）排出に課金することで削減を進める「カーボンプライシング（CP）」も検討するとしています。CP は、企業に対する賦課金と、企業間の排出量取引市場を組み合わせるとし、賦課金は石油元売り、電力会社や商社など化石燃料の輸入事業者に課す方向を示しています。

原発の運転期間の延長

第2回会議では、ロシアによるウクライナ侵攻にともない、電力の安定供給が危ぶまれていることを背景に、原発の新設は想定しないとしていた従来方針を転換、次世代原発の開発や建設が欠かせないとの判断を示しています。

さらに第4回会議では、岸田首相は原発の運転期間について、延長を検討するよう指示。原発の運転期間である原則 40 年、最長 60 年との規定を見直すことを表明しました。岸田首相は「安全性の確保を大前提とした運転期間の延長など、今後の政治判断を必要とする項目が示された」と説明。電力業界などからの、原発の運転期間を延ばしてほしいという要望に答えた形となりました。

有識者会議に示された原子力政策に関する原案では、DX 実行会議を受けて、次世代原子力発電所の開発・建設は、廃炉が決まった原発の建て替えを対象とすると明記。原発の運転期間の延長では、停止した期間を算入せず、事実上 60 年超の運転を認めるとした。

重要度A　重要度B　重要度C

重要度 A

57 政治 防衛3文書

ここが出る！
反撃能力の保有

出題予想

東京都：★★★

特別区：★★★

ミサイル発射拠点をたたく反撃能力の保有

2022年12月、「国家安全保障戦略」「国家防衛戦略」「防衛力整備計画」の防衛3文書を閣議決定しました。外交・防衛の基本方針となる安保戦略を2013年の策定以来初めて改定。相手のミサイル発射拠点をたたく「反撃能力」を保有し、防衛費を国内総生産（GDP）比で2％に倍増する方針を打ち出しています。

◎自衛隊と米軍との一体運用

安保戦略は日本の環境を「戦後最も厳しい」と位置づけました。日本は、ミサイル発射を繰り返す北朝鮮や中国の軍事的な脅威にさらされており「最悪の事態も見据えた備えを盤石にする」と文書に明記しました。

アメリカは国際秩序を乱す動きに同盟国と一丸で対処する「統合抑止」を掲げており、米軍と協力して反撃も可能な「統合防空ミサイル防衛（IAMD）」に移行するなど、自衛隊は今まで以上に米軍との一体運用が求められることになります。

反撃能力の行使は必要最小限度の自衛措置

3文書改定の柱は反撃能力の保有です。これまで「敵基地への攻撃手段を保持しない」と説明してきた政府方針を大きく転換。岸田首相は「抑止力となる反撃能力は今後不可欠となる」と強調しています。

ただし、反撃能力の行使は「必要最小限度の自衛措置」と定め、対象はミサイル基地など「軍事目標」に限定するとしています。反撃能力のため、国産ミサイルの射程を伸ばし、さらにアメリカ製の巡航ミサイル「トマホーク」も購入するとしています。

3文書には陸海空の自衛隊と米軍との調整を担う「常設統合司令部」の創設を盛り込んだ。中国を意識し、有事の際に組織的戦闘が継続可能な能力「継戦能力」の強化も提起。そのため、防衛装備品の部品や弾薬などの調達費を現行予算から2倍に増加する。

重要度A

58

政治
教育未来創造会議提言

ここが出る！
支援対象の世帯年収の条件を緩和

出題予想

| 東京都： | ★★★ |
| 特別区： | ★★★ |

給付型奨励金の世帯年収の条件を緩和

　2022年5月、「教育再生実行会議」の後継として岸田内閣が設置した「教育未来創造会議」は、返済不要の給付型奨学金などで低所得層の大学生を援助している国の修学支援制度を見直し、支援の対象を中間所得層の学生にも拡充することを柱とする第1次提言を発表しました。特に実験や実習で授業料が高い理工農学部系の学生や、3人以上の子供がいる多子世帯の学生について、支援の対象となる世帯年収の条件を緩和するのが目玉になります。

中間所得層への対応

　これまでの修学支援制度は、住民税非課税や年収の目安が約380万円未満の世帯の学生が対象でしたが、この制度で恩恵を受けるのは主に低所得層であり、中間所得層への対応が課題と考えられていました。

　そこで教育再生実行会議の提言では、中間所得層への対象拡大を提唱、新たに支援対象とする世帯は、年収600万円以下を基準に想定しています。

◎「出世払い型」の奨学金の導入

　また、大学生の多くが利用する奨学金は将来返済を要する貸与型で、卒業後の返済に苦労するケースが指摘されていました。そこで返済のタイミングなどを選択できるしくみを創設。大学院生については、卒業後の年収が一定基準に達してから返済できる「出世払い型」の奨学金の導入方針も盛り込まれています。

　さらに、社会人が大学などで学び直す「リカレント教育」について、従業員が授業を受けるための長期休暇制度を導入した企業に対し、支給する補助金を拡充する制度の導入なども盛り込まれました。

　会議は理系の女子学生「リケジョ」を支援する新たな奨学金制度も提言。政府は、理系分野の学問を修得する学生を5割程度にすることをめざし、リケジョ支援にも本腰を入れるとした。

重要度A
重要度B
重要度C

経済
昨年の日本の経済情勢

ここが出る！
2021 年度の成長率は 2.1%

2021 年度の実質 GDP 成長率

　2021 年の日本経済は、緊急事態宣言が断続的に発出される中で、業況判断は大企業製造業が欧米や中国での需要を持ち直し、為替の円安を背景に大幅に改善するとともに、大企業非製造業も改善に向かうなどして、日本経済は短期間のうちに激しく揺れ動きました。結果、一部を除きプラスに転じた各部門に牽引されたことで、実質 GDP 成長率は 2.1% と 3 年ぶりにプラスに転じました。

◎進むコストプッシュ型のインフレ

　2022 年に入ると、新型コロナウイルス感染症の拡大にともなう世界経済の収縮や物流の停滞などにより、物価水準が高騰しはじめました。さらに、2 月にロシアがウクライナへ侵攻したことに端を発したエネルギーや食料などの輸入急減と価格高騰、また日米間の金利差による円安・ドル高にともなう輸入物価の高騰といった要因による、コストプッシュ型のインフレが進みました。

　こうした状況下で岸田政権は、「分配と成長の好循環」の実現をめざす経済政策を提示。しかし、先進国でも類をみない実質賃金の低迷もあり、先行きは極めて不透明といえます。

国の予算案は史上最高の約 114 兆円

　国の 2023 年度一般会計の予算案が、2022 年 12 月に閣議決定しました。一般会計の歳出総額は約 114 兆円と、100 兆円超えは 5 年連続で、11 年連続で過去最大を更新。増額幅はリーマン・ショック後の 2009 年度の 5.4 兆円や、コロナ禍の 2021 年度の 3.9 兆円などを上回る異例の規模になりました。

　最大の焦点である防衛費は、2022 年度の約 1.25 倍となる約 6.8 兆円とし、岸田首相が打ち出した防衛力の抜本的強化に向けて、大幅な増額措置となっています。装備品や米軍再編経費などを含め、反撃能力（敵基地攻撃能力）の手段にもなるアメリカ製巡航ミサイル「トマホーク」の導入に 2113 億円を計上することなどが柱です。防衛費とは別に、防衛力強化に向けて複数年度で支出してい

くお金を管理する「防衛力強化資金」という枠組みも新設。政府資産の売却益などを原資に約 4.6 兆円を計上し、このうち 1,2 兆円を 23 年度の防衛費に充てるとしています。

　歳出の 3 割を占める社会保障関係費は、高齢化による自然増などで 5 千億円弱増えて、36 兆円台後半となります。コロナや物価高対策に使うための予備費も前年度と同じ 5 兆円を計上しました。

◎国債の新規発行は減少

　歳入面では、堅調な企業業績や物価高の影響で、税収は過去最高だった 2022 年度を上回り、69.4 兆円を見込んでいます。このため、国債の新規発行は 2022 年度の 36.9 兆円から減って 35 兆円台半ばとなる見通しですが、歳入の 3 割を国債に頼る状況は変わりません。

国際収支統計ではサービス収支が大幅に減少

　国際収支統計は、一定期間における国のすべての対外的な経済取引を体系的に記録したもので、財貨やサービスの取引を計上した 2021 年の経常収支は 15 兆 4877 億円と、4 年連続で黒字幅が縮小しました。要因の一つが、貿易・サービス収支で、前年の赤字は 8773 億円でしたが、2021 年は 2 兆 5615 億円と、大幅に赤字幅が拡大した点です。粗油や液化天然ガスなどの輸入増に起因した貿易収支黒字の縮小と、新型コロナウイルス感染症拡大により訪日外国人旅行者数の減少にともなうサービス収支赤字の拡大が影響したと考えられています。

新たな国債発行のうち、隊舎など自衛隊施設や艦船など一部防衛装備品の関連経費に、建設国債 4343 億円をあてる。これまで、戦前に戦時国債で軍事費を拡大した教訓から防衛費には建設国債を認めてこなかったが、今回は容認。日本にとって大きな転換といえる。

重要度
A

重要度
B

重要度
C

ミニ試験問題に チャレンジ　間違っているのはどっち？

1) 2021 年度の日本の実質 GDP 成長率は 2.1％と、3 年ぶりにプラスに転じている。

2) 2023 年度一般会計の予算案では、国債の新規発行が前年度に比べて増えて 35 兆円台半ばとなる見通しである。

答え：2　国債の新規発行が前年度に比べて減った。

重要度B

60 経済 昨年の日銀の金融政策

ここが出る！
24年ぶりの為替介入

| 出題予想 | 東京都：★★☆ |
| 特別区：★★☆ |

金融政策の手段は公開市場操作と支払準備率操作

中央銀行である日本銀行（日銀）は、金融市場を通じて市場に流れる資金の量や、金利に影響をおよぼし、通貨および金融の調整を行います。これが金融政策で、国民経済の基盤となる物価を安定させることが目的です。

◎**中央銀行の基本的な金融政策は2つ**

金融政策の手段には、<u>中央銀行が銀行などの金融機関に対して債券（国債など）や手形を売買することで、貨幣の供給量（マネーサプライ）に影響を与える公開市場操作と、支払準備率操作などがあります。</u>公開市場操作（オペレーション）は、短期金融市場の資金量を調節することで、短期金利を目標へと誘導するものです。

🔵 中央銀行（日本銀行）による2つのオペレーション

❶買い オペレーション （買いオペ）	中央銀行が債券などの有価証券を買い入れること。中央銀行は、有価証券の購入代金を金融機関に支払うため、その分マネーサプライ（貨幣の供給）が増える。
❷売り オペレーション （売りオペ）	中央銀行が金融機関に有価証券を売却すること。金融機関は有価証券の購入代金を中央銀行に支払うため、その分のマネーサプライが減少する。

日銀・黒田総裁の大胆な金融緩和！

2013年に日銀総裁に就任した黒田東彦氏は、市中に出回るお金を増やして景気浮揚をはかる強力な金融政策を実施、<u>物価を前の年と比べて2％上げるインフレ目標を設定しました。</u>さらに「質的・量的金融緩和」も導入して、日銀が供給する通貨量を2年で2倍に増やすなど大胆な緩和策がとられました。

2016年には、史上初となるマイナス金利も導入。これは、民間銀行が中央銀行にお金を預け入れる際の預金金利をマイナスにする政策で、銀行が金利負担

124

を避けるため、企業や家計の貸し出しに回すように促すねらいがあります。コロナ禍の 2020 年には、日銀は危機対応策を相次いで発表。<u>企業へ融資する金融機関に対して金利ゼロで資金を供給する制度も導入しました。</u>

◎過去最大の為替介入を 24 年ぶりに実施

2021 年には、金融機関の気候変動対応の投融資を促す新制度を発表。目玉は、<u>脱炭素につながる設備投資をする企業への融資や環境債の購入を対象に、金融機関に対して金利ゼロの長期資金を供給する</u>というもので、2030 年度まで実施するとしています。世界各国が脱炭素に向けた取り組みを加速させる中、<u>日銀は資金面で気候変動への対応を後押しするねらいを明らかにしています。</u>

2022 年 10 月の金融政策決定会合では、2％の上昇という「物価安定の目標」を達成するうえで「中途半端な政策の変更は物価と賃金の好循環を妨げるリスクがある」と言及、金融緩和の継続を強調しました。ただし、欧米の中央銀行は金融引き締めに動いており、その結果生じた日米の金利差の拡大などを背景に円安が急速に進むという影響も発生。同月、政府・日銀は円相場が一時 1 ドル 151 円 90 銭台と 32 年ぶりの安値を更新したことを受けて、<u>円買い・ドル売りの為替介入を 24 年ぶりに実施。</u>5.5 兆円規模と過去最大となりました。

12 月の金融政策決定会合では、<u>従来 0.25％ 程度としてきた長期金利の変動許容幅を 0.5％ に拡大。</u>変動幅の拡大は 21 年 3 月に 0.2％ から 0.25％ に引き上げて以来となりますが、日銀は利上げではないと説明しています。

重要度A

重要度B

重要度C

日銀の最高意思決定機関である政策委員会のうち、金融政策の運営に関する事項を審議・決定する会合を、金融政策決定会合という。年 8 回開催され、金融市場調節方針、金融政策手段経済・金融情勢に関する基本的見解等を議事項としている。

ミニ試験問題に
チャレンジ 間違っているのは**どっち？**

1 2021 年には、脱炭素につながる設備投資をする企業への融資や環境債の購入を対象に、金融機関に対して金利ゼロの長期資金を供給するとしている。

2 2022 年、政府・日銀は円買い・ドル売りの為替介入を、円買い介入としては過去 2 番目の規模で 24 年ぶりに実施した。

答え：2 円買い介入としては過去最大。

61.

経済
自由貿易協定(FTA)/経済連携協定(EPA)

ここが出る！
中国を含む 15 カ国による RCEP が発効

出題予想

| 東京都： | ★★★ |
| 特別区： | ★★★ |

日本の FTA/EPA

　自由な経済関係の構築を目標に、国や地域間の関税の撤廃など貿易や投資の自由化を進める協定が、FTA（自由貿易協定）とEPA（経済連携協定）です。FTA は物品の関税やサービス貿易の障壁をなくすことを目的とし、EPA はさらに投資や人の移動、知的財産の保護などの強化についても目的とします。

　日本は、2022 年 12 月末時点で、ASEAN を中心とした 21 の国・地域との間で EPA が発効しています。近年は大型の協定が相次ぎ、2019 年に発効となった日本と EU の EPA は、域内の人口が 6 億 4000 万人、世界の GDP の 3 割、貿易額では 4 割を占める規模のものになります。EPA への署名とともに、「日 EU 戦略的パートナーシップ協定(SPA)」にも署名。安全保障や金融政策の協調、海洋・宇宙での自由活動など、約 40 の分野で協力し合うことになります。

　また、2021 年 1 月には、EU を離脱したイギリスとの間で日英包括的経済連携協定（EPA）が発効しています。日 EU 間の EPA を土台にしており、デジタル分野のビジネスや人材交流の活発化を重要課題としています。

◎日米貿易協定が発効へ

　2020 年 1 月には、日米貿易協定が発効。日米貿易協定は、世界の国内総生産（GDP）の約 3 割を占める経済大国による貿易協定であり、貿易額ベースで日本側の 84%、アメリカ側の 92% の関税が撤廃されます。アメリカからの輸入では、牛肉や豚肉などの関税が TPP の水準を超えない範囲で引き下げられ、日本からの輸出品は工業品を中心に引き下げられます。

アジアによる経済連携協定を推進！

　日本が EPA 交渉で注力していた、中国、韓国、オーストラリア、ASEAN 諸国など計 15 カ国による東アジア地域包括的経済連携協定（RCEP）は、2022 年 1 月に発効。まずは、国内手続きを終えた中国やオーストラリアなど 10 カ国での発効であり、今後、手続きを終えた国でも発効していく予定です。RCEP

の全参加国で発効すれば、世界の人口の約半分、GDP で最終的に約 3 割をカバーする巨大な自由貿易圏が誕生することになります。日本にとっては、最大の貿易相手国である中国と第 3 位の韓国との間で結ぶ、初めての経済連携協定となります。合意以前に RCEP の交渉から離脱したインドについては、復帰できるようにする閣僚宣言を採択しており、今後も参加を呼びかけるとしています。

　RCEP は 20 分野での関税削減や、知的財産の統一ルールなどを通じて貿易自由化を促進する枠組み。参加国全体で工業製品や農林水産品など 91％ の品目で関税を段階的に撤廃していきます。なお、日本が適用除外を主張したコメや牛肉・豚肉など重要 5 品目は、関税削減の対象から外れています。

🔵 日本の EPA・FTA 発効

❶シンガポール	2002 年発効	⓬ベトナム	2009 年発効
❷メキシコ	2005 年発効	⓭インド	2011 年発効
❸マレーシア	2006 年発効	⓮ペルー	2012 年発効
❹チリ	2007 年発効	⓯オーストラリア	2015 年発効
❺タイ	2007 年発効	⓰モンゴル	2016 年発効
❻インドネシア	2008 年発効	⓱TPP11	2018 年発効
❼ブルネイ	2008 年発効	⓲EU	2019 年発効
❽ASEAN	2010 年までに発効	⓳アメリカ	2020 年発効
❾フィリピン	2008 年発効	⓴イギリス	2021 年発効
❿スイス	2009 年発効	㉑RCEP	2022 年発効
⓫スイス	2009 年発効		

「**TPP**」…環太平洋経済連携協定（CPTPP）は、2018 年に国内手続きの完了したメキシコ、日本、シンガポール、ニュージーランド、加、豪の 6 カ国で発効。2021 年 6 月、イギリスの加入に向けた手続きを開始。中国と台湾も加盟を相次ぎ申請し、韓国も申請の方針を表明。

ミニ試験問題にチャレンジ　間違っているのは**どっち？**

1 FTA は、モノの貿易の自由化に加えて、投資や人の移動、知的財産の保護など、広範で自由な対外経済関係を強化することを目的とする。

2 RCEP の全参加国の発効で、世界の人口の約半分、GDP で最終的に約 3 割をカバーする巨大な自由貿易圏が誕生する。

答え：1　FTA は物品貿易やサービス貿易のみが対象。

重要度A

重要度B

重要度C

127

ここが出る！
ノーベル化学賞受賞者は日本創設の賞も受賞

出題予想

東京都： ★☆☆

特別区： ★★★

ノーベル化学賞

　2022年のノーベル化学賞は、さまざまな分子の結合を効率的に行う「クリックケミストリー」と呼ばれる手法の開発などに携わったアメリカの大学の研究者など3人が受賞しました。受賞が決まったのは、米スタンフォード大学のキャロリン・ベルトッツィ教授と、デンマーク、コペンハーゲン大学のモーテン・メルダル教授、米スクリプス研究所のバリー・シャープレス教授の3人です。

　シャープレス教授が「クリックケミストリー」と呼ばれる手法を提唱し、シャープレス教授とメルダル教授はそれぞれ別々に、「クリックケミストリー」の柱となる反応を開発しました。

◎**名古屋大学の関係者が創設した国際賞の受賞者**

　「クリックケミストリー」という手法では、余分な生成物をほとんど作らずに求める合成物を効率的に生み出すことができ、ねらった分子を結合させることができます。この手法の開発によって、作ることができる分子の種類が大きく増加し、医薬品や材料の開発など、幅広い分野で活用されています。また、生きた細胞でもこの手法を使えるようにし、がん細胞の分子の動きなどを観察することも可能になりました。

　なお、ベルトッツィ教授は、名古屋大学の関係者が創設した国際賞「名古屋メダル」のゴールドメダルを2022年3月に受賞。名古屋メダルは、ノーベル化学賞を受賞した名古屋大学の野依良治特別教授らが1995年に創設した国際賞で、特に有機化学の分野で国際的に偉大な業績をあげた研究者に毎年贈られているもの。ベルトッツィ教授のほかにも、これまでに名古屋メダルのゴールドメダルを受賞した4人がノーベル化学賞に輝いています。

ノーベル生理学・医学賞

　2022年のノーベル生理学・医学賞は、人類の進化に関する研究で大きな貢献をした、ドイツの研究機関の研究者で、沖縄科学技術大学院大学にも在籍する

スバンテ・ペーボ博士が受賞しました。ペーボ博士は絶滅した人類の遺伝情報を解析する技術を確立し、4万年前のネアンデルタール人の骨に残っていた遺伝情報を詳しく調べて、現代の人類であるホモ・サピエンスと比較。<u>ホモ・サピエンスはネアンデルタール人の遺伝情報の一部を受け継いでいることを突き止め、ホモ・サピエンスとネアンデルタール人とで種が交わっていた可能性を明らかにしました。</u>

　ペーボ博士は、絶滅した別の系統の人類、「デニソワ人」を発見したほか、「古ゲノム学」という新しい学問分野を切り開くなど、人類の進化の過程を理解するうえで大きな貢献を果たしたとしています。

● その他のノーベル賞受賞者

物理学賞	仏パリ・サクレー大学のアラン・アスペ教授、米クラウザー研究所のジョン・クラウザー博士、オーストリアのウィーン大学のアントン・ツァイリンガー教授の3人が受賞。量子力学の分野で、「量子もつれ」という特殊な現象が起きることを理論や実験を通して示し、量子情報科学という新しい分野の開拓につながる大きな貢献をしたことが評価された。
経済学賞	アメリカの中央銀行にあたるFRB（連邦準備制度理事会）の議長を務めたベン・バーナンキ氏など3人が受賞。金融危機が起きるしくみを解明し、その対処法を示したことが評価された。
文学賞	仏作家アニー・エルノー氏が受賞。ジェンダーや階級などによる格差を経験してきた自らの人生をさまざまな角度から観察し、数多くの自伝小説の題材にしてきたことが評価された。
平和賞	長年にわたり市民の基本的人権や権力を批判する権利を守る活動を続けてきたベラルーシの人権活動家アレシ・ビャリャツキ氏と、ロシアの人権団体「メモリアル」とウクライナの人権団体「市民自由センター」が受賞。

重要度A
重要度B
重要度C

ミニ試験問題に
チャレンジ　間違っているのは **どっち？**

1 ノーベル化学賞を受賞したベルトッツィ教授は、名古屋大学の関係者が創設した国際賞「名古屋メダル」のゴールドメダルを受賞していた。

2 ノーベル生理学・医学賞は、ホモ・サピエンスがデニソワ人の遺伝情報の一部を受け継いでいることを突き止めた、ドイツの研究者が受賞した。

答え：2　ホモ・サピエンスがネアンデルタール人の遺伝情報の一部を受け継いでいたことを解明。

国際
最近のアフリカ・中東情勢

ここが出る！
イスラエルと近隣諸国の動向

| 東京都 | ★★☆ |
| 特別区 | ★★☆ |

主なアフリカ・中東各国の動き

　2010年に起こったチュニジアのジャスミン革命で始まった中東民主化運動「アラブの春」は、その後エジプトに波及し、反独裁政府の波が伝わっていきましたが、多くの国で民主化運動は頓挫しました。2022年の中東に目を移すと、イランにおける核合意からの逸脱など、紛争につながる要因は増えつつあります。

❶チュニジア	2022年7月、政治の混乱が続くチュニジアで、サイード大統領の権限を大幅に強化する憲法の改正案の賛否を問う国民投票が行われた。改正案は、大統領が議会の承認なしに首相を指名したり、議会に代わって大統領だけが政府の責任を正したりできるなど、大統領の権限を大幅に強化した内容。野党は、11年前に独裁的な政権を打倒した民主化運動「アラブの春」の精神に逆行しているとして反発するも、国民投票で賛成票が96％に達したとの最終結果が出て、大統領権限を大幅に拡大する新憲法が発効した。
❷ケニア	2022年8月、現職のケニヤッタ大統領の任期満了にともなう大統領選では、副大統領のルト氏が僅差で勝利。しかし、候補者のオディンガ氏は選挙管理委員の過半数の集計作業が不透明として受け入れず、最高裁に異議を申し立てた。しかし、ケニアの最高裁は大統領選結果への異議申し立てを退け、ルト氏の当選を支持。オディンガ氏は同意しないとしつつ「尊重する」との声明を表明した。
❸エチオピア	2022年2月、エチオピア政府は2021年11月に発布した国家非常事態宣言を解除。これまで、北部ティグライ州の「ティグライ民族解放戦線（TPLF）」と国軍との間で衝突が勃発しており、一時はTPLFが首都アディスアベバに迫っていた。だが、2021年12月に国軍が巻き返すと、TPLFはティグライ州に撤退していたため、今回の解除となったが、両者による衝突は依然続いている。

❹イスラエル	2022年6月、イスラエルの当時のベネット首相は国会を解散する意向を表明。2019年以降5回目の総選挙が実施されることが決定した。ベネット氏は退任し、ラピド外相が選挙で新政権が誕生するまでの間、首相を務めた。 11月に行われたイスラエル総選挙は、ネタニヤフ元首相の「リクード」や同首相支持派の右派勢力が過半数を獲得して勝利。総選挙の投票率は71.3%と2015年以来の高さとなった。ネタニヤフ氏は、約1年5カ月ぶりの首相への復帰となり、勝利に貢献した極右政党「宗教シオニズム」などと連立政権樹立の協議を主導。対パレスチナに対して強行な姿勢を表明しているネタニヤフ氏は、2021年3月の前回総選挙後に退陣するまで、連続12年首相を務めた人物であり、2019年に収賄などの罪で起訴されている。
❺イラン	2022年9月、イランで頭部を覆うスカーフを適切に着用していなかったとして逮捕された女性が治安当局の拘束下で死亡し、首都テヘランなど各地で反発する市民の抗議行動が起こった。当局からの弾圧により、1カ月で死者200人が超える事態に国連は同国の対応について調査を開始する決議を採択。 11月、イランのアブドラヒアン外相は、ロシアへのドローン供与について「ドローンをウクライナでの戦争が始まる数カ月前に提供した」と述べ、イランとして初めて公に認めた。イランはそれまでウクライナで使用される武器をロシアに供与していないとし、供与の有無についてあいまいな態度を取っていた。同月、イランは地下核施設で濃縮度60%の高濃縮ウラン製造を開始。イランはすでに別の施設でも同濃度のウラン製造を始めており、核合意からの逸脱をさらに加速したことになる。これを受けて国際原子力機関（IAEA）理事会は、イランに対して未申告の核開発疑惑について検証に応じるよう求める決議を採択した。

重要度A 重要度B 重要度C

ミニ試験問題に チャレンジ 間違っているのは どっち？

1 2022年、政治の混乱が続くチュニジアで国民投票が行われ、大統領権限を大幅に拡大する新憲法が発効した。

2 2022年に行われたイスラエル総選挙は、「リクード」や宗教政党などベネット氏支持派が過半数を獲得。ベネット氏は首相に復帰した。

答え：2　ベネット氏ではなくネタニヤフ氏が首相に復帰。

国際
最近の北中南米情勢

ここが出る！
ブラジルで新政権が誕生

出題予想

| 東京都： | ★★☆ |
| 特別区： | ★★☆ |

主な北中南米の動き

1999年にベネズエラで反米、社会主義路線を掲げたチャベス大統領が登場し、以降、中南米の多くの国は反米・左派政権へと変わりましたが、親米を掲げる政権も出てきています。

❶ブラジル	2022年10月、投票が行われたブラジルの大統領選挙の決選投票は、かつて左派政権を率いたルーラ・ダシルバ元大統領が当選した。2003年から2期8年にわたって左派政権を率いたルーラ元大統領が50.9%、右派の現職ジャイル・ボルソナロ大統領が49.1%となりルーラ氏が勝利。ルーラ氏は、激しい選挙戦の中で分断が広がった国民の融和に取り組む考えを強調した。ボルソナロ氏は決選投票に使われた電子投票システムに重大な障害が見つかったなどとして、投票の一部を無効とするよう選挙管理当局に申し立てを行った。ブラジル各地では選挙結果を認めないボルソナロ氏の支持者の抗議活動が続き、申し立てをきっかけに混乱がさらに拡大した。
❷コロンビア	2022年6月、コロンビアで大統領選の決選投票が行われ、左派のグスタボ・ペトロ元ボゴタ市長が勝利。保守的なコロンビアではこれまで右派や中道右派が政権を担っており、初の左派政権となった。ペトロ氏の得票率は50.44%、実業家で独立系のロドルフォ・エルナンデス氏は47.31%。ペトロ氏は、石油の新たな探査活動中止、歴代政権が重視してきた自由貿易協定（FTA）の見直し、富裕層への課税強化を主張。貧富の格差是正を期待する貧困層や若年層の支持が広がったとされている。
❸キューバ	2022年9月、キューバで同性婚の合法化を含む「家族法」改正案の賛否を問う国民投票を実施。有効投票数の66.87%が賛成票だったことで、家族法改正が確定した。キューバでは革命後に同性愛者が差別を受けた時期があるが、近年は同性婚の容認を求める声が高まっていた。

❹メキシコ	2022年10月、メキシコでロペスオブラドール大統領への信任をめぐる選挙が実施され、約9割が同氏の続投に賛成票を投じた。今回の選挙は大統領が自らの支持率を示すために実行し、野党は有権者に棄権を呼びかけていた。投票率は約18％と低水準にとどまり、法的拘束力が生じる基準の40％を大幅に下回った。ロペスオブラドール大統領は2018年の大統領選で、任期中に信任投票を実施する公約を表明。2019年に国民投票の制度を導入していた。
❺ペルー	2022年12月、議会と対立した急進左派カスティジョ前大統領が罷免、ボルアルテ氏が副大統領から大統領へ昇格した。その後、カスティジョ前大統領が逮捕されたことで、前大統領の支持者による抗議デモの激化や内政の混乱が続いた。デモ関連の死者は20人以上に上り、新政権の閣僚2人が抗議の辞任。新政府はデモの激化を受け、全土に30日間の緊急事態を宣言した。
❻カナダ	2022年1月、カナダの首都オタワで政府の新型コロナウイルス対策に不満を持つトラック運転手らによる抗議活動が続き、ワトソン市長は「制御不可能な状況」として非常事態宣言を発令した。 11月、2025年に移民の受け入れ人数を2021年より23％多い年間50万人に増やす計画を発表。トルドー政権は積極的に移民を受け入れており、経済成長を支える重要政策と位置づける。
❼ホンジュラス	2021年12月、ホンジュラスで実施されたエルナンデス大統領の任期満了にともなう大統領選で、中道右派与党のナスリ・アスフラ氏と、親中派で左派野党連合のシオマラ・カストロ氏が対峙し、カストロ氏が勝利。カストロ氏は2022年1月、同国初の女性大統領に就任した。左派政権発足は2009年まで務めたカストロ氏の夫セラヤ元大統領以来12年ぶり。選挙戦では「貧困と格差の是正」や「汚職の撲滅」を訴えた。また、親中派と考えられており、外交関係のある台湾と断交し、中国と国交を樹立すると訴えた。

重要度A　重要度B　重要度C

ミニ試験問題に **チャレンジ** 間違っているのは **どっち?**

1 ブラジルの大統領選挙の決選投票は、右派の現職ボルソナロ大統領がかつて左派政権を率いたルーラ元大統領を破って当選した。

2 2022年12月、ペルーでは急進左派カスティジョ前大統領が罷免され、逮捕されたことで、抗議デモの激化や内政の混乱が続いた。

答え：1　左派政権を率いたルーラ元大統領が右派の現職ボルソナロ大統領を破って当選。

最近のパレスチナ問題

ここが出る！
パレスチナ問題の重要人物が会談

出題予想

東京都：★★☆

特別区：★★☆

和平交渉が進展しないパレスチナとイスラエル

パレスチナでは、パレスチナ自治政府とイスラエル政府との間の和平交渉が進展せず、断続的な争いが続いています。背景には、イスラエル建国から続く衝突の歴史や相次ぐテロ問題などがあり、さらにイスラエル政権が進める、ヨルダン川西岸やガザ地区、東エルサレムでの入植活動があります。

◎アメリカがエルサレムをイスラエルの首都と認定

2017年、パレスチナ問題をめぐって、ユネスコが反イスラエル的だとして、トランプ政権下でのアメリカとイスラエルがユネスコから脱退しました。さらに、アメリカがエルサレムをイスラエルの首都とすることを認め、2018年にアメリカ大使館をテルアビブからエルサレムに移転しました。

近年のイスラエルとパレスチナ

2020年1月に、アメリカは新中東和平案を発表し、パレスチナ国家の樹立を明記するとともに、イスラエルがヨルダン川西岸の30%にあたるユダヤ人入植地とヨルダン渓谷を併合できることを明記しました。

2021年5月、エルサレムでのパレスチナ人とイスラエル警察の衝突が発端となり、イスラエル軍とパレスチナ自治区ガザを実効支配するイスラム原理主義組織ハマスの交戦が開始しました。ハマスのロケット弾の発射に対して、イスラエル軍は報復として、ガザでの空爆作戦を実行。11日間におよんだ軍事衝突の末、アメリカやエジプトによる停戦調停が本格化したことで、双方が停戦に合意するに至ります。2022年にも、ガザ地区でのミサイル攻撃が発生、ハマスと連携するイスラム過激派「イスラム聖戦」を狙った攻撃で44人の死者が出ましたが、エジプトの仲介で再び停戦となりました。

◎アメリカのパレスチナ支援

2022年7月、バイデン米大統領はヨルダン川西岸でパレスチナ自治政府のアッバス議長と会談。バイデン大統領はパレスチナ国家樹立を前提とする「2国

家共存」への支持を改めて表明し、パレスチナ支援で総額3億1600万ドルの拠出を発表。医療、食糧、デジタル技術などの分野で支援を拡充するとしました。

　10月、パレスチナ自治政府の主流派ファタハを率いるアッバス議長と自治区ガザを実効支配するイスラム組織ハマスの指導者ハニヤ氏が会談しました。ファタハとハマスは対立しており、トップ会談は2016年以来。対イスラエルでの共闘に向け、関係を修復する動きとみられます。

◯ これまでのイスラエルとパレスチナ間の主要な動き

1948年	イスラエルとアラブ連合との間でパレスチナ領有をめぐる第一次中東戦争勃発。
1967年	アメリカがイスラエルを、ソ連がアラブ連合を支援し第三次中東戦争勃発。
1987年	イスラエル占領地におけるパレスチナ人（アラブ人）とイスラエル人の暴力的事件である、第一次インティファーダ※が発生。
1993年	パレスチナ自治政府を承認（オスロ合意）。
2000年	第二次インティファーダ発生で両者の和平交渉が決裂。
2012年	国連総会において、パレスチナ自治区をオブザーバー国家に正式承認。
2014年	イスラエルの少年誘拐殺害事件を契機に、地上戦を含む50日間のガザ攻撃。
2017年	アメリカがエルサレムをイスラエルの首都と公式に認定。
2019年	トランプ米政権は中東和平に向けて、500億ドルのパレスチナへの経済支援策を発表。パレスチナ自治政府は拒否。

※蜂起、反乱の意味

重要度A
重要度B
重要度C

キーワード　「**東エルサレム**」…1967年の第三次中東戦争以降、イスラエルが実効支配しているが、パレスチナ自治政府もパレスチナ人国家の首都として位置付けており、停戦合意後も衝突が相次ぐ。

ミニ試験問題に **チャレンジ** 間違っているのは**どっち？**

1 2022年7月、バイデン米大統領はパレスチナ自治政府のアッバス議長と会談、パレスチナ国家樹立を前提とする「一国二制度」への支持を表明した。

2 2021年10月、パレスチナ自治政府のファタハを率いるアッバス議長とイスラム組織ハマスのハニヤ氏が2016年以来の対談を行った。

答え：1　パレスチナ国家樹立を前提とする考えは「2国家共存」。

66

国際
生物多様性条約第 15 回締約国会議

ここが出る！
陸や海などの 30% を保全地域に

新たな目標「昆明モントリオール目標」を採択

　2022 年 12 月、生物多様性の保護について話し合う国連の会議である COP15 がカナダで開催され、190 を超える国と地域が参加、2030 年までの世界の新たな目標「昆明モントリオール目標」が採択されました。

◎ **23 の項目からなる目標**

　目標には 23 の項目が盛り込まれ、世界全体で陸地と海に加えて、生物多様性の損失が特に大きい河川や湖沼などの内水域について、それぞれ 30%以上を保全地域にする「30by30」という目標や、外来種の侵入を少なくとも 50%削減することなどが盛り込まれました。12 年ぶりとなる新目標をもとに、各国は対応を急ぐことになります。

新たな基金を創設

　また、最大の難題だった資金の支援のあり方は、途上国と先進国の間で対立しましたが、官民で少なくとも年間 2000 億ドル（当時のおよそ 27 兆円）を確保。生物多様性に特化した新たな基金を、途上国の環境対策を支援する国際機関に創設するとしています。

◎**各国の国家戦略を評価・検証するしくみも導入**

　利益配分をめぐる争点となっていた、DNA 配列などのデジタル化された遺伝情報（DSI）の扱いは、配分をめぐる国際枠組みを設ける方向で調整しました。

　2020 年までの従来の目標「愛知目標」では完全に目標を達成できたものはなく、その教訓を踏まえて、今回の目標では各国の国家戦略を評価・検証する新たなしくみも導入するとしています。

新たな目標は、2010 年の COP10 で採択された 2011 ～ 2020 年の「愛知目標」の後継で、愛知目標に比べて数値などの具体的な内容が増えている。

重要度 B

67 政治
全国旅行支援

ここが出る！
割引とクーポンによる支援

出題予想

東京都： ★★☆

特別区： ★★☆

「県民割」を全国に拡大させる取り組み

　2022年10月、旅行代金の割引を受けられる「全国旅行支援」が開始しました。この政策は、コロナ禍で打撃を受けた観光業界を支援するため実施されたものであり、都道府県の観光支援策で4月から開始されていた「県民割」を全国に拡大させる取り組みになります。

　具体的には、事業に参加するツアーや宿泊施設などを利用した場合、旅行代金の4割の割引（上限8000円）と旅先の飲食や買い物などに使えるクーポン（平日3000円、休日1000円）を合わせ、1人1泊当たり最大で1万1千円の支援が受けられるというもの。参加する条件として、新型コロナウイルスのワクチンの3回接種や、陰性証明の提示が必要となります。

割引率を下げて延長が決定

　2020年に行われた「Go To トラベル」との違いは、事業の実施主体を国から都道府県に移した点です。新型コロナの感染状況を考慮し、各地域で中断や再開を柔軟に判断できるように見直しました。一方、都道府県で対応が異なり制度が複雑だという指摘もありました。

　当初2022年内で終了する予定でしたが、国は延長を発表。旅行代金の割引率は2割に引き下げられ、上限額も公共交通機関とセットの旅行商品は1人1泊5000円、それ以外は3000円に引き下げられています。地域で使えるクーポン券は変わらず支給。割引率を下げた理由を、「旅行需要の急激な変動の緩和をはかる観点や、長期的な支援を実施する観点から」と国は説明しています。

UP プラス情報

　同時期に、美術館や遊園地、スポーツ観戦などが2割引き（上限2000円）で楽しめる「イベント割」もスタート。全国旅行支援と組み合わせて旅行を充実させることもできる制度といえる。

重要度A
重要度B
重要度C

最高裁判決
最高裁違憲判決（国民審査法）

ここが出る！
法律に対する最高裁の違憲判断

出題予想

東京都： ★☆☆

特別区： ☆☆☆

最高裁裁判官の国民審査の投票をめぐる裁判

2022年5月、海外に住む日本人が最高裁判官の国民審査に投票できないのは憲法違反かどうかが争われた訴訟の上告審判決が示されました。この裁判は、海外に住む日本人ら5人がこれら状況は憲法に反するとして、国に1人当たり1万円の損害賠償などを求めていたものです。現行の国民審査法には在外邦人の投票を認める規定がなく、原告5人は2017年の審査時に海外に住んでいたことで投票できませんでした。

法律に対する最高裁の違憲判断

最高裁大法廷は、在外邦人に審査権を認めていない現行の国民審査法を「違憲」であると初めて判断。最高裁は、海外で選挙の投票ができない今の制度は、憲法に違反すると判断したことになります。今回の判決を受けて、国は国民審査法の改正を迫られることになります。

◎ 15人の裁判官全員一致の意見

最高裁は、国会が投票を可能とする立法措置を長期に怠った不作為も認め、原告1人当たり5000円の賠償を国に命じました。今回の判決は15人の裁判官全員一致の意見であり、法律に対する最高裁の違憲判断は、2015年の女性の再婚禁止期間を定めた民法の規定をめぐる判決以来、11例目であり、国会の立法不作為について賠償責任を認めたのは2件目となります。

国民審査権は国民に平等に保障された権利

判決は、国民審査権は選挙権と同様、国民に平等に保障された権利としたうえで、「審査権やその行使を制限することは原則として許されない」と指摘しました。国政選挙では1998年に制度が創設されて以降、在外投票が行われており、国民審査でも在外投票を可能にする立法措置を取ることは「著しく困難とはいえない」と判断。在外邦人の投票を制限することは、やむを得ない事情がなければ

原則、許されないと主張し、「裁判官の氏名を印刷した投票用紙を海外に送付し、開票に間に合わせることは困難」とする国側の主張について、現状とは別の投票方式をとることもできることから、やむを得ない事情があるとはいえないとしています。そのうえで、在外邦人が投票できないことは、国民に公務員の選定や罷免をする権利を保障した憲法15条や、国民審査制度を定めた憲法79条に違反すると判断しています。

◎国に賠償責任を命じる

また、以前は在外邦人に認められていなかった選挙区での国政選挙の投票が、最高裁大法廷による2005年の違憲判決を機に解禁されたことを踏まえて、長期にわたって在外審査の立法措置を怠った責任が国にはあるとして、賠償も命じています。

● 国民審査法訴訟における最高裁の概要

裁判の争点	在外審査が認められないことの違憲性	国は立法措置を怠ったかどうか
原告の主張	国民審査権は民主主義そのもので、権利を奪うことは違憲	国は立法措置を怠った
国の主張	国民審査は議会制民主主義のもとでは不可欠ではなく違憲ではない	国会での議論はなく、立法措置を怠っていない
最高裁の判決	憲法は国民審査権を保障しており違憲	立法措置を怠った

「**国民審査**」…最高裁の裁判官に対し、任命後の最初の衆院選に合わせて、その職にふさわしい人物かどうかを国民が審査する制度のこと。有権者が辞めさせるべきだと考える裁判官名に「×」を記して、有効投票の半数を超えた場合は罷免される。

ミニ試験問題に
チャレンジ 間違っているのは **どっち？**

1 今回の裁判は、海外に住む日本人が最高裁裁判官の国民審査に投票できないのは憲法に反するとして、損害賠償などを求めていたものである。

2 最高裁大法廷は、在外邦人に審査権を認めていない現行の国民審査法を合憲であると初めて判断した。

答え：2 「違憲」であると初めて判断。

重要度A
重要度B
重要度C

文化
無形文化財

ここが出る！
41件の踊りで構成される「風流踊」

国内で保護体制が取られる無形文化遺産

2022年11月、全国から踊り手が集う 郡上踊（岐阜県郡上市）など、41件の伝統的な盆踊りや念仏踊りで構成される「風流踊」が、ユネスコの無形文化遺産に登録されることになりました。これまでに登録された日本の無形文化遺産としては、能楽や歌舞伎、和食、和紙などがあり、チャッキラコ（神奈川県三浦市）を含め、22件が登録されていました。

◎**チャッキラコは登録済み**

無形文化遺産の登録には、国内で保護体制が取られていることが必要です。各地で盆踊りなどは全国で行われていますが、今回は国の重要無形民俗文化財に指定され、地元で保存会などが活動している41件に絞られました。

このうち、チャッキラコは、2009年にユネスコの無形文化遺産に登録済みであり、今回はこれに加えて新たに40件の踊りが追加されたことになります。華やかで人目をひく「風流」の精神を体現した「風流踊」とグループ化することでの登録となっています。

24都府県に伝わる41件の踊り

風流踊とは、衣装や道具に趣向を凝らし、歌や笛などの囃子に合わせて踊る民俗芸能のことで、屋形を何重にも囲んで踊り、「徹夜おどり」でも知られる郡上踊や、鮮やかな衣装に編み笠をかぶり流麗に踊る 西馬音内の盆踊（秋田県羽後町）などがあります。また、京都市内各所で伝承されている空海（弘法大師）ゆかりの雨乞い行事・綾子踊（香川県まんのう町）などで、今回はこれらの24都府県に伝わる41件が登録されています。

「**無形文化遺産**」…建築物など有形の文化財や自然の地形などを守る「世界遺産」に対し、無形の芸能や儀式、社会的慣習などを保護対象とする制度。

重要度C

70

社会
最少の出生数

ここが出る！
1899 年以降で最少の出生数

こどもの減少は 6 年連続

2022 年発表による 2021 年に生まれた日本人の子ども（出生数）は、81万 1604 人で、データがある 1899 年以降で最少だったことが明らかになっています。前年より 2 万 9231 人（3.5%）減少しており、減少は 6 年連続。政府のシナリオは 81 万人台の前半になるのは 2027 年と見込んでいましたが、国の推計より 6 年早く 81 万人台前半に突入したことになります。

想定より早く少子化が進行していることが明らかになったことで、日本人の人口が 1 億人を切るのは 2049 年と想定していましたが、これも大きく前倒しになる可能性が高まっています。

合計特殊出生率は 1.30

1 人の女性が生涯に産む見込みの子どもの数を示す「合計特殊出生率」は、2021 年は 1.30 で前年より 0.03 ポイント下がりました。こちらも 6 年連続で低下し、過去 4 番目の低水準となっています。人口を維持するのに必要な出生率は 2.06 であり、政府が目標とする「希望出生率 1.8」とも大きくかけ離れる数字となっています。

都道府県別では、沖縄（1.80）を筆頭に、鹿児島（1.65）、宮崎（1.64）と続きます。最も低いのは東京（1.08）であり、宮城（1.15）、北海道（1.20）と低水準の地域になります。

なお死亡数は、戦後最多の 143 万 9809 人。死因の第 1 位は全体のおよそ 4 分の 1 を占める「がん」であり、38 万 1497 人。続いて「心疾患」が14.9% で 2 位、「老衰」は 10.6% の 3 位でした。

出生数から死亡数を引いて算出する「自然増減数」は、マイナス 62万 8205 人で過去最大の減少。およそ 54 万人の鳥取県の人口を上回る規模の人口減は今後も続くとされている。

重要度A
重要度B
重要度C

重要度C

71 その他
昨年のその他の国内外情勢

ここが出る！
原発政策の大転換

出題予想

東京都： ★☆☆

特別区： ★☆☆

主な国内の動き

昨年の日本に関連する主な動きを、以下にまとめます。

❶国連安保理 非常任理事国	2022年6月、日本が2023年1月から2年間、国連安全保障理事会の非常任理事国となることが決定。国連総会での選挙で選出された。日本の選出は2016〜17年以来、12回目で全加盟国の中で最多。安全保障理事会は国連憲章によって、国際の平和と安全の維持に対して「主要な責任」を負うと規定されている。そのため、全加盟国に法的拘束力の及ぶ「決議」を出す権限が与えられている。
❷共同親権	2022年11月、法制審議会は離婚後の親権のあり方に関する中間試案をまとめた。現行法は婚姻中であれば父母がともに親権を持つ「共同親権」で、離婚した場合はどちらか一方のみが親権を持つ「単独親権」になると規定。中間試案は、離婚後に共同親権を認める場合の制度として、①原則は共同親権で一定の要件を満たせば例外として単独親権も認める、②原則は単独親権で一定の要件を満たせば例外として共同親権も認める、③具体的な要件を定めず個別ケースごとに単独か共同かを選択可能にするという3案を示した。
❸日中国交正常化 50年	2022年9月、日中共同声明の発表で日中国交を正常化してから50周年を迎えた。1972年、当時の田中角栄総理大臣と中国の周恩来首相が日中共同声明に調印し、それまで国交を断絶していた日本と中国は国交を正常化させた。日本で開催された日中国交正常化50周年を祝う祭典には、林芳正外相や福田康夫元首相、自民党の二階元幹事長、孔鉉佑駐日中国大使らが来賓として参加、岸田首相と習国家主席も祝電を交換した。
❹プライム移行	2022年4月、東京証券取引所には1、2部等の4市場があったが、国際的に活動する大企業を想定する「プライム」と、国内中心に事業活動する「スタンダード」、成長が見込まれる新興企業「グロース」の3市場に再編。プライムに移行するのは全上場企業の約半数。

❺辺野古沖 埋め立て訴訟	2022年12月、沖縄のアメリカ軍普天間基地の移設計画をめぐり、名護市辺野古沖での工事を進める根拠になっている国の裁決を取り消すよう沖縄県が求めた裁判。1審と2審は国の裁決の是非について具体的な判断を示さないまま訴えを退け、県が上告していたが、最高裁判所は県には訴えを起こす資格がないと判断。上告を退ける判決を言い渡し、沖縄県の敗訴が確定した。
❻出産一時金増額	2022年12月、出産にかかる費用を助成する出産育児一時金は従来、原則42万円が支給されていたが、2023年度からは50万円に引き上げられることが決定した。8万円の引き上げは、制度が創設された平成6年以来最大。出産育児一時金の財源のほとんどは平成20年4月から原則74歳以下の現役世代が加入する医療保険の保険料で賄われている。
❼原発政策の転換	2022年12月、政府は原発の60年超運転や、次世代型原発への建て替えを柱とする脱炭素社会の実現に向けた基本方針を発表。原子力政策の大転換となる方針には、2011年の東京電力福島第一原発事故後、政府が「想定していない」としてきた原発建設といった積極活用策を盛り込んだ。 基本方針では、「原則40年、最長60年」という原発の運転期間について、再稼働のための審査や司法判断などによる停止期間を運転年数から除外し、60年超の運転を可能にする。建て替えは、廃炉が決まった原発を対象とし、立地自治体の理解を前提に次世代型原発を建設する。建設費は1兆円超かかるとされ、資金支援策の検討も盛り込んだ。今回の方針により、2030年度の電源構成に占める原発の比率は、20〜22%を目標に設定するとした。
❽地方移住を 促進する支援金 を拡充	2022年12月、政府は地方移住を促す支援金を2023年度に拡充。家族で移住する場合、最大300万円の基礎部分のほかに、18歳未満の子ども1人当たり100万円を加算すると発表。子育てをする若年世代を財政面でサポートすることで地方に移ってもらい、東京一極集中の是正につなげるねらい。移住先で働きながら5年以上暮らすことが条件。
❾安倍元首相の 国葬	2022年9月、安倍晋三・元首相の国葬（国葬儀）が行われた。国葬は1967年の吉田茂氏以来、55年ぶりで戦後2人目。218の国・地域・国際機関などから参列の意向があり、国内外からの参列者4000人が出席した。海外要人としては、ハリス副大統領、インドのモディ首相、欧州理事会のミシェル議長ら多数が参列。追悼の辞は、首相と衆参両院議長、最高裁長官の「三権の長」と、友人代表として菅前首相が述べた。

重要度A

重要度B

重要度C

143

❿平城宮跡から 出土した木簡	2022年10月、奈良県奈良市の平城宮跡から出土した「倭歌(や まとうた)」という語が記された奈良時代の木簡が、日本固有の 歌を示す「やまとうた」の使用例として最古の可能性が高いこと が判明。木簡は長さ約30センチ、幅約3センチで、役所跡に当 たる東方官衙(かんが)地区の排水路から令和2年に出土し、8 世紀半ばの奈良時代中頃以前のものとみられる。「倭歌壱首」と して歌らしいものが表裏に書かれており、「倭歌」の語が記され た木簡としては初の出土例。
⓫新型コロナの 水際対策緩和	2022年10月、新型コロナウイルスの水際対策を大幅に緩和。 入国者数の上限が撤廃され、個人の外国人旅行客の入国も解禁 されるなど、制限はほぼコロナ禍前の状態に戻ることになった。 1日当たり5万人としていた入国者数の上限も撤廃され、ツアー 以外の個人の外国人旅行客についても2年半ぶりに入国が解禁 された。
⓬新型コロナ 感染者の全数 把握を簡略化	2022年9月、新型コロナウイルス感染者の全数把握を簡略化 し、詳しい報告の対象を重症化リスクが高い人に限定する運用 を全国一律で開始。新型コロナ対応にあたる医療機関などの負 担を減らすのがねらい。詳しい報告の対象を、65歳以上、入 院が必要な人、妊娠中の女性など重症化のリスクが高い人に限 定し、以外の人は年代と総数の報告のみにする。
⓭電力需給ひっ迫 警報	2022年3月、東京電力管内の電力需給が極めて厳しい状況だ として、政府は初めて「電力需給ひっ迫警報」を発令。電力需 給ひっ迫警報は、電力会社の供給予備率が3%を下回る見込み となった場合、資源エネルギー庁から発令される警報。経済産 業省は警報に加えて、「電力需給ひっ迫注意報」および電力会社 が発出する「電力需給ひっ迫準備情報」の新設を決定し、6月 に東京電力の管内に4日連続で「注意報」が出された。

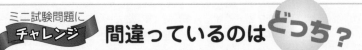

ミニ試験問題に
チャレンジ **間違っているのは** どっち？

1 基本方針では、「原則40年、最長60年」とされた原発の運転期間につい
ては保持された。

2 原発の建て替えは、廃炉が決まった原発を対象とし、立地自治体の理解を
前提に次世代型原発を建設する。

答え：1　60年超の運転も可能にする基本方針に転換した。

東京都
特別区

問題演習編

予想模擬問題

東京都と特別区の本試験に近い、厳選した予想問題を掲載。4大テーマを中心として、全部で36問を載せてありますので、「時事解説編」と合わせて活用すれば、しっかりとした試験対策が行えます。間違った問題は何回も復習しておきましょう。

国際会議

法律

白　書

国際

重要度別テーマ

「国際会議」
の攻略法

国際会議は特に東京都・特別区ともに頻出しているテーマです。中でも、G7やG20、APEC、国連気候変動枠組条約締約国会議は過去に何度も出題されています。

◉過去問をチェック！

まずは過去問を見てみましょう。令和２年度の特別区Ⅰ類で出題された時事問題です。

令和２年度特別区Ⅰ類

【No.39】昨年6月に大阪で開催された主要20か国・地域首脳会議（G20サミット）の首脳宣言に関する記述として、妥当なのはどれか。

1　世界経済の成長は、足元で安定化の兆しを示しているが、2019年後半から2020年に向けては、緩やかに下向く見通しであるとした。

2　貿易と投資については、「自由、公正、無差別で透明性があり予測可能な安定した貿易および投資環境の実現に向けて、保護主義と闘う」と明記した。

3　海洋プラスチックごみについては、「大阪ブルー・オーシャン・ビジョン」を共有し、2050年までに追加的な汚染をゼロにすることをめざすとした。

4　地球温暖化対策については、国際的枠組みである「パリ協定」をめぐって中国とそれ以外の国・地域との溝が埋まらず、両者の立場を併記した。

5　女性の雇用の質の改善や男女の賃金格差の減少はできないが、女性に対するあらゆる形態の差別を終わらせるために更なる行動を取るとした。

2019年（令和元年）に大阪で開催されたG20サミットの内容を問う問題です。国際会議に関する問題は、首脳宣言や声明、掲げられた計画の内容をしっかりと押さえておくことが求められます。

また、宣言・声明には、聞きなれない用語が使われていることがありますので、

その意味を理解しておく必要があります。

解答・解説

答え　3

1. 2019 年後半から 2020 年に向けては、緩やかに回復するとした。
2. 「保護主義と闘う」という記述は、前年の G20 の首脳会談同様、記載されなかった。
3. 妥当である。
4. 「パリ協定」をめぐって参加国・地域との溝が埋まらなかったのは中国ではなくアメリカ。
5. 「男女間の労働市場参加率の格差を 2025 年までに 25%減少させる」という G20 ジェンダー目標の達成に向けて取り組むことを求めている。

○傾向と対策

「国際会議」は、新型コロナウイルス感染症拡大により、対面ではなくオンラインで行われるなど大きな影響を受けました。このような状況もあって、令和 4 年度試験では東京都、特別区での出題はみられませんでしたが、過去の出題を考えると東京都で必須の内容なので対策は不可欠です。なお、2022 年開催の国際的な会議は、一通り対面で開催されました。出題の可能性が高い会議は以下の 3 つです。

- **G20 サミット**
- **G7 サミット**
- **国連気候変動枠組条約第 27 回締約国会議 (COP27)**

対策としては、時事解説編をよく読み込んでおき、時間があれば外務省のホームページで、会議の概略を読んでおくとさらに効果的です。

問題文自体で問われる内容は単純なのですが、専門用語や特有の言い回しに最初はとまどってしまうかもしれません。問題文を落ち着いてよく読み、実際の内容と異なる箇所に目をつけられるか否かがポイントです。

そのうえで、誤りの選択肢を除いていき、正解の選択肢を見出すことが、解法の手順となります。

国際会議　法律　白書　国際　重要度別

[No. 1] 昨年 11 月に開催された G20 バリ・サミットに関する記述として、妥当なのはどれか。

1 首脳宣言では、ウクライナ侵攻が世界経済に悪影響をおよぼすとして、参加国のほとんどがウクライナ侵攻を強く非難したことを明記したが、ロシアによる侵攻を「戦争」とは表現しなかった。

2 首脳宣言では、名指しでロシアを批判し、状況や制裁についてほかの見解や異なる評価もあったとの文言を加え、G20 内でロシアに対する立場が異なっている現状も示した。

3 全会一致を原則とする首脳宣言の採択で、最大の壁と予想されていたロシア自身も軟化姿勢をみせて採択に至った。

4 アメリカのバイデン大統領が会議でロシアの核兵器の脅威を訴えたため、宣言では核兵器の使用や使用の威嚇は許されないことも明記された。

5 ウクライナ侵攻が世界経済のリスクを増大させているとし、期限が切れるウクライナ産化石燃料輸出に関する 4 者合意について、延長して完全履行するように訴えた。

解答・解説

1 首脳宣言ではロシアによる侵攻を「戦争」と表現した。

2 首脳宣言では、名指しでのロシア批判は避けた。

3 妥当である。

4 ウクライナのゼレンスキー大統領が、会議でロシアの核兵器の脅威を訴えた。

5 期限が切れるウクライナ産穀物輸出に関する 4 者合意について、延長して完全履行するように訴えた。

答え／3

予想問題・国際会議 ▶▶▶▶▶▶

[No. 2] 昨年6月に開催されたG7エルマウ・サミットに関する記述として、妥当なのはどれか。

1 声明では、ロシアの侵略が長期化する中、ドイツやフランス、イタリアには「支援疲れ」が見え、G7でのロシアに対する経済制裁での結束はみられなかった。

2 ペナルティーは特に設定されていない、より厳格な気候変動対策で連携を強める「気候クラブ」について、首脳宣言で年内設置をめざす方針が盛り込まれた。

3 会議では、排出削減対策のない石炭火力発電所を2030年までに段階的に廃止する方針で一致した。

4 気候変動対策の国際交渉で大きな課題となっている、途上国への資金支援の上積みをすべての参加国が表明した。

5 発表された首脳声明では、軍事侵攻を続けるロシアを厳しく非難した。

解答・解説

1 ロシアへの経済制裁やウクライナへの支援に、G7が結束して取り組む姿勢を打ち出した。

2 「クラブ」外の対策の緩い国からの輸入品に関税をかけるという、貿易上のペナルティーが設定されている。

3 会議では、排出削減対策のない石炭火力発電所を段階的に廃止する方針で一致したが、「30年までに」という期限については見送られた。

4 途上国への資金支援の上積みを表明する国はなかった。

5 妥当である。

答え／5

予想問題・国際会議　▶▶▶▶▶▶

[No. 3] 昨年11月に開催された ASEAN 関連首脳会議に関する記述として、妥当なのはどれか。

1　ASEAN 関連首脳会議で議長国カンボジアのフン・セン首相は、安全保障や気候変動など10の分野で合意に至ったことを強調した。

2　中国の李首相は「南シナ海の平和や安定、航行の自由を維持することは、中国と ASEAN が署名した『行動宣言』の精神にのっとってなされるべき」と南シナ海への関与を強めるバイデン政権をけん制した。

3　今回の会議には、クーデターで国軍が全権を掌握したミャンマーのトップも招待された。

4　ミャンマー情勢をめぐっては、すべての参加国で強い措置を打ち出すことで一致した。

5　首脳宣言では、ロシアのウクライナ侵攻について「ほとんどの国が強く非難した」とし、西側諸国の対ロシア経済制裁に「異論」はなかったとする宣言を採択した。

解答・解説

1　100の分野で合意に至ったことを強調。

2　妥当である。

3　今回の会議には、クーデターで国軍が全権を掌握したミャンマーのトップは招待されず、「政治に関わらない人物」の出席を求めていた。

4　ミャンマー情勢をめぐっては、参加国間で意見の隔たりもみられ、強い措置が打ち出せなかった。

5　決裂を避けるため、宣言には西側諸国の対ロシア経済制裁に「異論」が出たと両論を併記した。

答え／2

予想問題・国際会議 ▶▶▶▶▶▶

[No. 4] 昨年12月に開催された国連気候変動枠組条約第27回締約国会議（COP27）に関する記述として、妥当なのはどれか。

1　会議の主要議題は、気象災害の激甚化などを背景に、先進国側が新たな基金創設を求めた点である。

2　EUやアメリカ、イギリスなどが地球温暖化の被害支援に特化した国際的な基金新設案を提案したが、合意しなかった。

3　会議の決定文書では、新たな基金での支援の対象を「すべての途上国」とした。

4　採択されたシャルムエルシェイク実施計画には、「産業革命前からの世界の平均気温の上昇を2.5度に抑えるためのさらなる努力を追求する」ことを明記した。

5　採択されたシャルムエルシェイク実施計画には、温室効果ガス排出削減対策が講じられていない石炭火力発電の「段階的削減」や、非効率な化石燃料への補助金の「段階的廃止」などが盛り込まれた。

解答・解説

1　途上国側が新たな基金創設を求めた。

2　EUやアメリカ、イギリスなどが国際的な基金新設案を提案、合意した。

3　支援の対象は、すべての途上国ではなく「気候変動の悪影響に対して特に脆弱な途上国」とした。

4　「世界の平均気温の上昇を1.5度に抑えるためのさらなる努力を追求する」ことを明記した。

5　妥当である。

答え／5

国際会議　法律　白書　国際　重要度別

「法律」
の攻略法

法律も、東京都と特別区で頻出しているテーマで、昨年
に成立・施行された法律が対象となります。法改正であ
れば改正点をしっかり押さえておきましょう。

● 過去問をチェック！

令和4年度に出題された東京都 I 類Bの問題を見てみましょう。

令和4年度東京都 I 類B

〔No. 39〕昨年9月に施行された「デジタル庁設置法」に関する記述として、
妥当なのはどれか。

1. デジタル庁の任務として、デジタル社会の形成に関する内閣の事務を
内閣府と共に助け、デジタル社会形成のための技術開発を着実に実施す
ることが規定された。

2. デジタル庁が所掌する事務の一つとして、行政手続における個人等を
識別する番号等の利用に関する総合的・基本的な政策の企画立案が規定
された。

3. デジタル庁の長および主任の大臣であるデジタル大臣に対し、関係行
政機関の長に対する勧告権のほか、デジタル庁の命令としてデジタル庁
令を発出する権限が与えられた。

4. デジタル監は、デジタル大臣を助けると共に、特定の政策および企画
に参画し、政務を処理することを任務とし、その任免はデジタル大臣の
申出により内閣が行うとされた。

5. デジタル社会の形成のための施策の実施を推進することおよびデジタ
ル社会の形成のための施策について必要な関係行政機関相互の調整を行
うことを所掌事務とする、高度情報通信ネットワーク社会推進戦略本部
の設置が規定された。

解答・解説

答え　2

1. 内閣の事務ではなく行政事務を助けるのが任務。
2. 妥当である。
3. デジタル庁令は内閣総理大臣が発出する。
4. デジタル監は、内閣総理大臣の申出にもとづき内閣が任命。
5. 高度情報通信ネットワーク社会推進戦略本部は、IT基本法にもとづいて、平成13年（2001）に設置された組織。

傾向と対策

テレビ・新聞・ネットをはじめとする各メディアで大きく取り上げられた法律や、社会に大きな影響をおよぼす法律は、出題される可能性が高くなります。昨年に成立もしくは公布・施行となった重要な法律には次のものがあります。

- 被害者救済法
- 経済安全保障推進法
- 刑法改正
- 困難女性支援法
- こども家庭庁設置法

次に法律の時事問題での問われ方です。問われる内容は、大まかには次のようになります。

- 法律の内容（概要）
- その法律の成立過程に関する内容

法律の内容については、詳細な点まで問われることが多いので、本書解説をしっかり読み込んでおくことが必要です。

また、法律の成立過程に関する内容については、成立時に反対した政党があったかどうかなどが問われることもあります。

[No. 1] 昨年12月に成立した「法人等による寄付の不当な勧誘の防止等に関する法律」に関する記述として、妥当なのはどれか。

1 旧統一教会問題を受けた被害者救済法では、宗教団体などの法人を対象にすべての寄付の勧誘を禁止している。

2 法案の可決にあたっては、自民、立憲などが共同で、寄付勧誘時に法人が配慮しなければならない配慮義務規定を「十分に配慮」とより弱い表現に修正された。

3 今回の新法成立にともない、霊感商法の被害救済に向けた消費者基本法と民法の改正案も全会一致で可決した。

4 被害者救済法案では、寄付者を困惑させる不当な勧誘を定義し、生活に不可欠な資産を処分したりして資金調達するよう求めることも禁じている。

5 宗教法人などが配慮義務を怠った場合でも、行政機関が勧告することや法人名を公表することはできない。

解答・解説

1 宗教団体などの法人を対象に、悪質な寄付の勧誘を禁止している。

2 配慮義務規定を「十分に配慮」と強い表現に修正された。

3 霊感商法の被害救済に向けた消費者契約法と国民生活センター法の改正案も全会一致で可決した。

4 妥当である。

5 宗教法人などが配慮義務を怠った場合は、行政機関が勧告することや法人名を公表できるように改められている。

答え／4

予想問題・法律　

☑
☑
☑
[No. 2] 昨年6月に成立した「経済安全保障推進法」に関する記述として、妥当なのはどれか。

1　経済安全保障推進法は、重要物資の安定確保と重要技術の開発支援、基幹インフラの事前審査、特許非公開の4分野で構成されている。

2　導入が望まれていた機密情報を扱う人員を制限するための資格制度である「セキュリティー・クリアランス（適格性評価）」も経済安全保障推進法に盛り込まれた。

3　経済安全保障推進法では、供給が止まると国民の生活に影響する食料、エネルギー資源などを「特定重要物資」に指定した。

4　サプライチェーンの強化に向けて、企業の原材料の調達先や在庫を調査する権限を国に持たせ、すべての企業に対して調査を拒めば罰則が科されるルールも作られた。

5　経済安全保障推進法では、飲食や観光、農業などの基幹インフラ14業種を対象として、安全保障上の脅威となる製品や設備が使われていないか審査するとした。

解答・解説

1　妥当である。

2　「セキュリティー・クリアランス（適格性評価）」は、今回は見送られることになった。

3　半導体、レアアースなどの重要鉱物、蓄電池、医薬品などを「特定重要物資」に指定。

4　公的な支援を受けている場合は、調査を拒めば罰則が科されるルールが作られた。

5　電気や金融、鉄道などの14業種を対象として、安全保障上の脅威となる製品や設備が使われていないか審査するとした。

答え／1

[No. 3] 昨年6月に成立した「刑法改正」に関する記述として、妥当なのはどれか。

1 懲役の受刑者に刑務作業を一律に義務づけている法を見直すため、懲役と拘禁の両刑を一元化し、「禁錮刑」を創設する改正刑法が成立した。

2 改正法は、社会に出てから必要な技術を身に付けるため、刑務作業に注力できる刑への転換が必要だったということが背景にある。

3 改正法では、SNS上のひぼう中傷対策を強化するため、公然と人を侮辱した行為に適用される侮辱罪に罰金刑を導入するとしている。

4 改正法では、保護観察中に再び罪を犯した場合でも執行猶予を付けることができるようにするとともに、2回目の執行猶予を付けることができる再犯の量刑を1年以下に引き下げている。

5 保護観察所が少年鑑別所に対して適切な指針を示す「鑑別」について、対象者を20歳以上の受刑者に拡大した。

解答・解説

1 懲役と禁錮の両刑を一元化し、「拘禁刑」を創設した。
2 再犯防止教育や矯正指導に注力できる刑への転換が必要だったということが背景にある。
3 公然と人を侮辱した行為に適用される侮辱罪に懲役刑を導入するとしている。
4 2回目の執行猶予を付けることができる再犯の量刑を2年以下に引き上げている。
5 妥当である。

答え／5

予想問題・法律

[No. 4] 昨年5月に成立した「改正民事訴訟法」に関する記述として、妥当なのはどれか。

1　法改正により、口頭弁論以外の訴状の提出と裁判記録の閲覧について IT で運用できるようになる。

2　改正で、原告と被告の双方が認めた場合については、手続き開始から1年以内に審理を終え、6カ月以内に判決を言い渡すようにすることができるようになる。

3　法改正で、裁判所に提出する訴状をインターネットを通じて出せるが、印紙を貼り署名捺印した書類の提出もあわせて必要である。

4　離婚調停の手続きも IT 化され、SNS を活用して当事者同士が直接会うことなく、離婚を成立させることができるようになる。

5　従来は判決文や訴状を閲覧するには裁判所に行かなければならなかったが、記録をデータベースで管理することで、裁判の当事者はネットを通じて閲覧することができるようになる。

解答・解説

1　訴状の提出から口頭弁論、裁判記録の閲覧まで IT で運用できるようになる。

2　手続き開始から6カ月以内に審理を終え、1カ月以内に判決を言い渡すようにすることができるようになる。

3　訴状のオンラインのみでの提出が可能になり、起訴のための手数料も ATM やインターネットバンキングで支払い可能になる。

4　ウェブ会議を活用して離婚を成立させることができるようになる。

5　妥当である。

答え／5

□
□ **[No. 5]** 昨年６月に成立した「こども家庭庁設置法」に関する記述として、
□ 妥当なのはどれか。
□

1　子ども政策の司令塔となる「こども家庭庁設置法」は、他省庁への勧告権を持つこども家庭庁が、2023年４月に厚生労働省の外局として発足することを定めた法律である。

2　こども家庭庁は省庁の縦割りを排し、従来、組織の間でこぼれ落ちていた子どもに関する福祉行政を担う。

3　子ども政策担当の内閣府特命担当大臣には、各省庁に子ども政策に対する改善を求めることができる「助言権」を持たせるとしている。

4　内閣府が所管する保育所と厚生労働省が所管する認定こども園を、ともにこども家庭庁に移すことを規定。内閣府や厚生労働省の子ども関係の部局はほぼすべてが新組織に移管される。

5　従来通り文部科学省が担当していた幼稚園や義務教育などの教育分野についても、こども家庭庁に移すことになり、長年の課題だった幼保一元化が実現した。

解答・解説

1　内閣府の外局として発足することを定めた法律である。

2　妥当である。

3　各省庁に子ども政策に対する改善を求めることができる「勧告権」を持たせるとしている。

4　内閣府が所管するのは認定こども園であり、厚生労働省が所管するのは保育所である。

5　長年の課題だった幼保一元化は見送られた。

答え／2

予想問題・法律 ▶▶▶▶▶▶▶

☑
☑
☑

[No. 6] 昨年 6 月に施行した「重要土地利用規制法」に関する記述として、妥当なのはどれか。

1 本法は、自衛隊基地、原子力発電所、国境付近の離島など、防衛戦略上、重要な施設のそばの土地の取得、利用等の規制を緩和することを定めている。

2 「注視区域」として指定されるのは、司令部的機能を持つ自衛隊基地などの区域が該当する。

3 「注視区域」内にある土地の利用者が、その土地を使って重要施設の施設機能や国境離島の離島機能の阻害するときは、国は土地を阻害等のために使わないよう勧告することができる。

4 「特別注視区域」内にある土地について、所有権の移転契約を締結する場合には、当事者はあらかじめ都道府県知事に届け出る必要がある。

5 本法の国会での決議では、国の安全保障につながることもあって、与野党全会一致で可決した。

解答・解説

1 防衛戦略上、重要な施設のそばの土地の取得、利用等に規制をかけることを定めている。

2 「注視区域」は自衛隊基地のある区域だが、司令部的機能を持つ自衛隊基地のある区域については「特別注視区域」になる。

3 妥当である。

4 届け出る必要があるのは総理大臣。

5 過度な私権制限につながるおそれがあることを理由に、本法の成立について立憲民主党など一部の野党が反対した。

答え／3

「白書」の攻略法

白書は東京都で例年頻出しているテーマです。特別区では、経済財政白書が頻出していましたが、近年の出題はありません。

過去問をチェック！

まずは過去問を見てみましょう。令和４年度の東京都Ⅰ類Ｂで出題された時事問題です。

令和４年度東京都ⅠＢ

〔No. 37〕昨年６月に環境省が公表した「令和３年版　環境白書・循環型社会白書・生物多様性白書」に関する記述として、妥当なのはどれか。

1.　新型コロナウイルス感染症を始めとする新興感染症は、土地利用の変化等にともなう生物多様性の損失や地球環境の変化に影響されないものの、人間活動と自然との共生の在り方については再考が必要であるとしている。

2.　2020年の世界の温室効果ガス排出量は、新型コロナウイルス感染症による経済活動の減速により減少し、2030年までの排出量削減に大きく寄与するとしている。

3.　脱炭素経営に取り組む日本企業の数は先進国の中で最下位であり、今後、排出量等の情報について透明性の高い情報開示を行っていくべきであるとしている。

4.　G20大阪サミットにおいて、日本は2050年までに海洋プラスチックごみによる追加的な汚染をゼロにすることをめざす「大阪ブルー・オーシャン・ビジョン」を提案し、G20以外の国にもビジョンの共有を呼び掛けているとしている。

5.　世界の食料システムによる温室効果ガスの排出量は、人為起源の排出量の2.1〜3.7％を占めると推定され、食料システムに関連する政策は気候変動対策への効果が小さいとしている。

解答・解説

答え　4

1. 土地利用の変化等にともなう生物多様性の損失や、気候変動等の地球環境の変化にも深く関係しているとしている。
2. 排出削減目標達成にはほど遠いとしている。
3. 脱炭素化を経営に取り込む日本の企業数は世界トップレベル。
4. 妥当である。
5. 人為起源の排出量の 21 ～ 37％を占めると推定。

●傾向と対策

　白書から出される出題傾向として、テレビ、新聞などの大手メディアが話題にしたものが参考になります。もちろんこれだけではありませんが、白書の内容をすべて把握するのは不可能ですので、押さえるべき点をどれだけ押さえられるかがカギとなります。本書の時事解説編をよく読み、重要な論点はしっかり理解しておきましょう。

　また、白書の統計データを元に問題が作成されますので、数値に重きを置いた設問になっているのが特徴です。選択肢の文中の「増えた、減った、多い、少ない」など、数値を比較している言葉は注意して確認しましょう。

　さらに「ほとんど、全く」などの極端な否定語にも注目してください。引っかけの言葉としてよく使用されるため、誤りの選択肢であることを疑ってみましょう。なお、近年出題された白書は次のようになっています。

年度	東京都	特別区
令和4年	環境白書・循環型社会白書・生物多様性白書	－
令和3年	経済財政白書／情報通信白書	－
令和2年	経済財政白書／観光白書	－
令和元年	子供・若者白書	－
平成30年	警察白書	－
平成29年	経済財政白書	－

　白書は、東京都では毎年のように出題されています。一方、特別区では平成23年に出題されて以来、白書の出題は見られません。

[No. 1] 昨年8月に内閣府が発表した「経済財政白書」の内容に関する記述として、妥当なのはどれか。

1　白書では、日本経済の現状については、景気後退の動きが続いていると分析している。

2　ほかの先進国は年によって企業部門の投資が貯蓄を上回るのに対し、日本はこの20年間、一貫して投資が貯蓄を上回っているという現状にも白書は触れている。

3　白書では、経済政策の方向性に関して、政府の掲げる「大胆な金融政策」、「機動的な財政政策」、「民間投資を喚起する取り組み」を一体的に進めていくことが求められるとしている。

4　日本企業の海外でのM&A（合併・買収）や現地法人の設備投資の伸びは小さいとしている。

5　白書では、デジタル化については教育訓練に積極的な企業ほど、ハードウエア投資による生産性の押し上げ効果が大きいと結論づけている。

解答・解説

1　日本経済の現状については、持ち直しの動きが続いていると分析している。

2　日本は一貫して貯蓄が投資を上回っているという現状に、白書は触れている。

3　妥当である。

4　日本企業の海外でのM&A（合併・買収）や現地法人の設備投資の伸びは大きいとしている。

5　ハードウエアでなくソフトウエア投資が正しい。

答え／3

[No. 2] 昨年7月に経済産業省が発表した「通商白書」の内容に関する記述として、妥当なのはどれか。

1　ウクライナ危機のほかコロナ禍での物流の混乱など複数の要因が重なったこともあり、国際商品の価格高騰は2022年がピークとなり、2023年は2021年を下回る水準になるとしている。

2　白書では、日本にとってロシアとウクライナは主要な貿易相手国ではないが、ウクライナ侵攻が日本の貿易に直接与える影響は大きいと分析している。

3　ロシアに対して、日本以外のG7が中心となって制裁を科す一方、日本など制裁に加わらない国も多く、世界経済が分断される懸念が強まっていることに白書は言及している。

4　白書では、半導体や蓄電池などの重要品目に関して、特定の国への依存を減らさなければならないと訴えている。

5　コロナ禍をきっかけに、DX、地政学リスク、共通価値の重視、政府の産業政策シフトといったグローバルの潮流が減速している現状を白書は強調している。

解答・解説

1　国際商品の価格高騰は2022年をピークに、2023年も2021年を超える水準になるとしている。

2　ロシアとウクライナは主要な貿易相手国ではないことを示し、ウクライナ侵攻が日本の貿易に直接与える影響は少ないと分析している。

3　日本もロシアに対して制裁を科している。

4　妥当である。

5　グローバルの潮流が加速している現状を白書は強調している。

答え／4

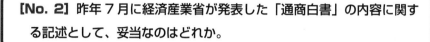

[No. 3] 昨年6月に環境省が発表した「環境・循環型社会・生物多様性白書（環境白書）」の内容に関する記述として、妥当なのはどれか。

1　白書では、ウクライナ侵攻を機に、ロシア産資源への依存脱却の動きが広がっていることを踏まえ、原子力エネルギーを「国内で生産可能で、エネルギー安全保障にも寄与できる」と評価した。

2　排出量が多い石炭火力発電の新設については、電力業界全体でCO2削減を達成できるよう、最大出力を抑えるような設計をすることについて国で指導していく考えも明らかにした。

3　気候変動に関する災害の被害額は2017年までの20年間で約280兆円になるなど、保険の対象となる被害額が急増していることを指摘した。

4　温暖化ガスの排出量は食料に関連するものも多く、白書では人為起源の排出のうち6～7割を占めるとしている。

5　白書では、地域での電気自動車導入は環境面だけでなく、新たな雇用の創出など地域経済にも好影響をもたらすとしている。

解答・解説

1　国内で生産可能で、エネルギー安全保障に寄与できると評価されたのは太陽光などの再生可能エネルギー。

2　エネルギー効率が高い設備の導入などを国で指導していく考え。

3　妥当である。

4　食料に関連する温暖化ガスの排出量は、人為起源の排出のうち2～3割を占めるとしている。

5　環境面だけでなく、新たな雇用の創出など地域経済にも好影響をもたらすとしているのは、地域での再生エネルギー導入。

答え／3

予想問題・白書

[No. 4] 昨年7月に防衛省が発表した「防衛白書」の内容に関する記述として、妥当なのはどれか。

1 白書では、相手国のミサイル発射拠点などを叩くため、政府が保有を検討する「反撃能力」（敵基地攻撃能力）を初めて明記し、先制攻撃についても可能性を否定しないことを明らかにしている。

2 中国が国防費を増加させ、AIなど先端技術を活用する「先端化」をはかっていることを白書は指摘している。

3 国際的に孤立するロシアにとって、北朝鮮との政治・軍事的協力の重要性が高まる可能性を白書は指摘している。

4 台湾をめぐる問題について、アメリカが台湾への武器売却などに関与していることから中台の軍事バランスは台湾側に有利になりつつあり、その差が拡大する傾向を白書で指摘している。

5 白書では、外交・防衛政策の基本方針「国家安全保障戦略」などの改定に向けて議論が進んでおり、そこで自国の防衛力の強化に加え、日米同盟の強化や普遍的価値を共有する国々との連携拡大に取り組む方針も示している。

解答・解説

1 先制攻撃は許されないとの考えに変更はないとしている。

2 AIなど先端技術を活用する「智能化」をはかっていることを指摘。

3 国際的に孤立するロシアにとって、中国との政治・軍事的協力の重要性が高まる可能性を指摘。

4 中台の軍事バランスは中国側に有利になりつつあり、その差が拡大する傾向を指摘している。

5 妥当である。

答え／5

[No. 5] 昨年 7 月に総務省が発表した「情報通信白書」の内容に関する記述として、妥当なのはどれか。

1 白書は、情報通信技術（ICT）はまだ社会を支えるインフラではないとし、今後重要インフラになるためにも関連する機器の供給網や通信網の強靱化が重要な課題であると指摘している。

2 白書では、日米独中4カ国の企業にデジタルトランスフォーメーション（DX）に関する調査を実施、DX の課題として日本の企業の7割が「予算不足」を挙げたことが明らかになっている。

3 DX の効果に対する調査では、日本企業は「期待するほど効果を得られていない」の回答が4カ国の中で最も少なかったことが白書で指摘されている。

4 テレワークを利用したことがあると回答した割合は、アメリカ・ドイツは60％弱、中国は70％を超え、日本は80％程度に上ったことが判明した。

5 白書では、労働力人口の減少や地域経済の縮小といった日本の課題についても着目し、ICT が果たす役割について提言している。

解答・解説

1 ICT が社会を支えるインフラとなっていることを指摘している。

2 DX の課題として日本の企業の7割が「人材不足」を挙げたことが明らかになっている。

3 日本企業による「期待するほど効果を得られていない」という回答は、4カ国の中で最も多かったことを指摘している。

4 日本では 30％程度にとどまることが判明した。

5 妥当である。

答え／5

予想問題・白書　

国際会議　法律　白書　国際　重要度別

[No. 6] 昨年6月に経済産業省が発表した「エネルギー白書」の内容に関する記述として、妥当なのはどれか。

1　日本は大半のLNGを、原油に準じた価格で長期契約を結んで購入しているため、現時点では影響が小幅にとどまっていることを白書は明らかにしている。

2　白書ではEU全体、イギリス、アメリカ、日本、ドイツやフランスなどの各国の電気、ガス、ガソリンの消費者価格の推移を分析、日本の上昇率が最も大きいことを指摘している。

3　白書では、再生可能エネルギーに対して、今後は依存度を高めていくべきであると提言している。

4　白書では、地球温暖化への対応を「経済成長の機会」と捉えたため、エネルギーの安定供給を確保する手段として安全性に不安のある原子力を用いることは否定した。

5　アメリカ、イギリス、フランス、中国、ロシア、ドイツ、台湾は、原子力発電比率を高めるなどして原子力を活用する意向である。

解答・解説

1　妥当である。

2　電気、ガス、ガソリンの消費者価格は、日本の上昇率が最も小さいことを指摘している。

3　過度に再生可能エネルギーに依存することに対して、一度検討することを白書は提言している。

4　原子力のあり方を考えていくことが必要と明記。

5　ドイツや台湾は、原子力発電からの撤退を決めていることを明らかにしている。

答え／1

「国際」の攻略法

国際は東京都で出題頻度が非常に高く、過去10年で見てもかなりの頻度で出題されています。特別区でも、同様に重要な内容といえます。

 過去問をチェック！

まずは過去問を見てみましょう。令和4年度の特別区Ⅰ類で出題された時事問題です。

令和4年度特別区Ⅰ類

〔No. 37〕昨年9月のドイツ連邦議会選挙又は同年12月のドイツ新政権発足に関する記述として、妥当なのはどれか。

1　社会民主党は、連邦議会選挙で、アンゲラ・メルケル氏が所属する自由民主党に僅差で勝利し、第1党となった。

2　16年間首相を務めたメルケル氏は、新政権発足に伴い政界を引退し、退任式の音楽には、自分が育った旧東ドイツの女性パンク歌手の曲などを選んだ。

3　社会民主党のオラフ・ショルツ氏が首相に就任し、社会民主党出身の首相はヘルムート・コール氏以来16年ぶりとなった。

4　社会民主党、緑の党およびキリスト教民主・社会同盟による連立政権が発足し、各党のシンボルカラーが赤、緑、黄であるため、信号連立と呼ばれた。

5　新政権では、外相、国防相、内相といった重要閣僚に女性は就任しなかったが、ショルツ氏を除く閣僚は男女同数となった。

令和4年度に出された、2021年9月発足のドイツ新政権に関する問題です。アメリカや中国、EU諸国などの新政権発足・新体制の樹立等は、国際的に大きな影響を与える出来事であり、頻出度は非常に高くなります。

解答・解説

1. アンゲラ・メルケル氏が所属するのは、キリスト教民主同盟（CDU）。
2. 妥当である
3. ヘルムート・コール元首相はキリスト教民主同盟（CDU）出身。
4. 新政権は、社会民主党、環境政党の緑の党、リベラルの自由民主党（FDP）の連立である。
5. 国防相、内相には女性が就任した。

傾向と対策

　出題されるのは、各国の選挙やそのときどきで話題になった出来事などです。選挙については、与党と野党のどちらが勝ったのか、過半数を獲得して単独で政権を担うことができたか、またヨーロッパでいえば政策として親EUなのか、反EUなのかといったことも理解しておくとよいでしょう。

　国や地域で頻出しているのは、アメリカと中国で、特にアメリカ大統領選挙および中間選挙があった翌年は、それらに関係する問題が出される可能性は高くなります。また、両国の関係性についても俯瞰してとらえておくとよいでしょう。

　以上を踏まえて、令和5年度の試験で注意すべきテーマをいくつかピックアップしておきます。

> ・アメリカ中間選挙
>
> ・昨年の中国情勢
>
> ・ロシアのウクライナ侵攻
>
> ・台湾情勢
>
> ・IPEFの発足

　ロシアのウクライナ侵攻については、主要国がどのような対応をとったかを、押さえておくとよいでしょう。

☑
☑
☑
☑

【No. 1】 昨年のアメリカ中間選挙に関する記述として、妥当なのはどれか。

1　アメリカの議会は、連邦議会下院で野党・共和党が過半数を奪還したことで、上院と下院で多数派が異なる「ねじれ議会」が解消した。

2　下院の敗北を受けて、民主党のハリス副大統領は辞任することを表明した。

3　中間選挙で争点になった移民政策について、民主党は寛容な姿勢を主張していた。

4　民主党は、連邦最高裁が中絶の権利を憲法上の権利として認めなかった判決を支持した。

5　36州の知事を選ぶ知事選挙も行われ、このうち当選を確実にした女性候補は12人に上ったが、過去最多だった18年前の結果を上回ることはなかった。

解答・解説

1　上院は与党・民主党が多数派を維持、アメリカの議会は上院と下院で多数派が異なる「ねじれ議会」になった。

2　下院の敗北を受けて、民主党のナンシー・ペロシ下院議長は2023年の新議会で下院民主党の指導部に立候補しないことを表明。

3　妥当である。

4　民主党は判決に対し、選択の権利が奪われるとして反発した。

5　当選を確実にした女性候補は12人に上り、過去最多だった18年前、2004年の9人を上回って最も多くなった。

答え／3

予想問題・国際　▶▶▶▶▶▶▶

☑
☑
☑

[No. 2] 昨年のアメリカをめぐる状況に関する記述として、妥当なのはどれか。

1　バイデン大統領は就任後2回目の一般教書演説で、ロシアによるウクライナ侵攻について、ロシアに厳しい制裁を科していく方針を強調した。

2　バイデン大統領の新たな対策は、まず前年に成立した法律にもとづいて1億ドル規模の道路や通信網などのインフラ刷新を実施するとした。

3　2022年8月、10年間で歳出総額4330億ドル規模のインフラ投資法が成立した。

4　インフレ対策としての医療対策では、中低所得者向けの医療保険の援助を延長したり、薬価引き下げをはかるしくみを創設したりするなど、家庭の医療費負担を軽くする政策を盛り込んだ。

5　相次ぐ銃乱射事件を受けて、銃規制の法律が28年ぶりに成立し、21歳未満の銃購入者の身元確認強化に加え、過去に犯罪を犯したすべての者の購入について規制を強めるとした。

解答・解説

1　バイデン大統領にとって就任後初めての一般教書演説。

2　前年に成立したインフラ投資法は1兆ドル規模。

3　インフラ投資法ではなく気候変動・医療対策法案（インフレ抑制法案）が成立。

4　妥当である。

5　21歳未満の銃購入者の身元確認強化に加え、ドメスティックバイオレンス（DV）加害者による購入について規制を強めるとした。

答え／4

[No. 3] 昨年の中国情勢に関する記述として、妥当なのはどれか。

1 中国の国会にあたる全国人民代表大会（全人代）が開催され、2022年の経済成長率の目標を前年から引き上げ「5.5%前後」と設定した。

2 新型コロナ対策では、世界で規制緩和の動きが進む中、中国は厳格な「ゼロコロナ」政策を続行、2022年12月には政策を批判したデモが発生するも「ゼロコロナ」政策を続けた。

3 中国共産党の第20回党大会で、新指導部を構成する党中央委員会の総書記に習近平氏を選出、習氏による異例の3期目続投が確定した。

4 党大会で実施された規約の改正では、習氏が推し進める格差是正策「共同富裕」などの文言も盛り込まれたが、台湾独立に反対するとの言葉は追加されなかった。

5 習近平氏による3期目指導部が発足し、最高指導部メンバーは2期目のメンバーがそのまま残った。

解答・解説

1 前年の6%以上から引き下げ5.5%前後と設定。

2 デモを受けてゼロコロナ対策を撤回した。

3 妥当である。

4 「台湾独立に断固として反対し食い止める」との言葉が追加された。

5 習氏は最高指導部メンバーを大幅に入れ替え、自らと関係の深い人物を重用することで権力基盤を強固にした。

答え／3

予想問題・国際　

[No. 4] 昨年のロシアによるウクライナ侵攻に関する記述として、妥当なのはどれか。

1　2022年2月、ロシアは「クリミア自治共和国」と「ルガンスク人民共和国」への国家独立承認と友好協力相互支援協定へ署名。プーチン露大統領はウクライナでの特別軍事作戦を開始した。

2　ウクライナ侵攻は、陸戦兵器や空襲、ミサイル攻撃等による軍事的な侵攻と、サイバー攻撃、国家および民間企業・団体による経済制裁が組み合わさった今までにない規模でのハイブリッド戦争へと進展した。

3　ウクライナ侵攻を受けて、EUと米英などが国際送金システムを担うIMF（国際通貨基金）から、ロシアの銀行を締め出す制裁で合意した。

4　9月、ロシアはウクライナ東部・南部のドネック州、ルガンスク州、ザポリージャ州、ヘルソン州、キーウ州の5州を併合した。

5　旧ソ連のウクライナやベラルーシは、NATOへの将来的な加盟を表明している。

解答・解説

1　ロシアは「ドネック人民共和国」と「ルガンスク人民共和国」への国家独立承認と友好協力相互支援協定へ署名した。

2　妥当である。

3　IMF（国際通貨基金）でなくSWIFT（国際銀行間通信協会）が正しい。

4　ロシアが併合したことを宣言したのはウクライナ東部・南部のドネック州、ルガンスク州、ザポリージャ州、ヘルソン州の4州。

5　NATOへの将来的な加盟を表明しているのはウクライナとジョージア。

答え／2

国際会議

法律

白書

国際

重要度別

☑
☑ **[No. 5]** 近年の台湾情勢に関する記述として、妥当なのはどれか。
☑

1 中国共産党創立100年の記念式典で、習国家主席は「台湾統一は当面のところ検討することはない」と演説した。

2 中国の武力侵攻を誘発して、むしろ情勢を不安定にする可能性があるにも関わらず、アメリカは台湾による独立を支持する立場をとってきた。

3 2022年8月、アメリカのバイデン大統領は台湾を訪問、蔡英文総統と会談し、「台湾の自由を守る米議会の決意を示した」との声明を出した。

4 2022年8月、中国人民解放軍は台湾周辺で合同演習を開始。台湾本土を取り囲む6カ所での大規模軍事演習を実施するなど、台湾海峡をめぐる緊張が高まった。

5 2022年11月、台湾の蔡総統は自身が代表を務める与党・国民党が統一地方選挙で大敗した責任を取り、党主席を辞任すると表明した。

解答・解説

1 習国家主席は「台湾統一は歴史的任務」と演説。

2 アメリカは台湾による一方的な独立については支持しない立場をとってきた。

3 台湾を訪問したのは当時アメリカの実質ナンバー3だったペロシ下院議長。

4 妥当である。

5 蔡総統が党主席を務める政党は与党の民進党。

答え／ 4

□
□
□

[No. 6] 昨年のヨーロッパで行われた選挙に関する記述として、妥当なのはどれか。

1　2022年9月に行われたフランス大統領選は、極右政党「国民連合」のマクロン氏が、現職で中道の「共和国前進」のルペン氏を破り、再選を決めた。

2　フランス大統領選に立候補したルペン氏は、親EUおよびEUの権限拡大を唱え、ウクライナ侵攻をめぐる対露制裁では、ロシア産の石油や天然ガスの禁輸に賛成の立場を表明していた。

3　2022年9月に行われたイタリア総選挙では、左派「イタリアの同胞」を中心とする政党連合「中道左派連合」が勝利。党首のジョルジャ・メローニ氏がイタリア初の女性首相となった。

4　首相に就任したスナク氏は首相就任から45日で辞任を表明、新首相辞任を受けて党首選挙によりトラス氏が首相に就任した。

5　2022年9月に行われたスウェーデンの総選挙は、8年ぶりの政権交代となり、第3党になった中道右派のクリステション党首が新首相に就任した。

解答・解説

1　マクロン氏は中道「共和国前進」、ルペン氏は極右政党「国民連合」。
2　ルペン氏は、EUの権限縮小を唱え、ウクライナ侵攻をめぐる対露制裁では、ロシア産の石油や天然ガスの禁輸に反対の立場を表明した。
3　「イタリアの同胞」は右派であり、政党連合「中道右派連合」が勝利。
4　トラス氏は首相就任から45日で辞任を表明、スナク前財務相が首相に就任した。
5　妥当である。

答え／5

国際会議
法律
白書
国際
重要度別

[No. 7] 昨年のヨーロッパの状況に関する記述として、妥当なのはどれか。

1　2022年2月にエリザベス二世女王陛下が英王室史上初めてとなる在位50年を迎え、「プラチナ・ジュビリー」として記念行事が行われたが、9月に96歳で崩御した。

2　2022年9月に首相に就任したスナク前財務相は、経済安定と信頼回復を政策課題の中心に据えることを表明した。

3　2022年9月、ウクライナのゼレンスキー大統領が部分的動員に関する大統領令に署名、予備役の30万人を動員する計画であると発表した。

4　2022年6月、フランス総選挙の決選投票が行われ、マクロン大統領の「共和国前進」を軸とする与党連合が過半数を大幅に上回った。

5　2022年6月、ドイツ連邦議会は軍備縮小のため、国防費を削減する法案を可決した。

解答・解説

1　エリザベス二世女王陛下は英王室史上初めてとなる在位70年を迎えた。

2　妥当である。

3　部分的動員に関する大統領令に署名、予備役の30万人を動員する計画であると発表したのはロシアのプーチン大統領。

4　マクロン大統領の「共和国前進」を軸とする与党連合（中道）が多数とはいえ過半数を大幅に下回って敗北。

5　ドイツ連邦議会は、ウクライナ侵攻を受けた軍備増強に向け、国防費として1千億ユーロの特別資金を拠出するための法案を可決した。

答え／2

予想問題・国際

[No. 8] 昨年のアジアの状況に関する記述として、妥当なのはどれか。

1 2022年3月に投票が行われた韓国大統領選挙は、革新系の最大野党「国民の力」の尹錫悦氏が当選、5年ぶりに革新政権となった。

2 2022年11月、北朝鮮が1日で20発を超すミサイル発射をしたことを受けて、国連安全保障理事会は緊急会合を開催。中国と韓国が北朝鮮を擁護する中、安保理として一致した対応はとれなかった。

3 2022年7月、パキスタンで経済危機による抗議デモが激化し、大統領公邸をデモ隊が占拠した事態を受けて当時のラジャパクサ大統領は辞任の意向を示し、国外逃亡した。

4 2022年5月、オーストラリアの総選挙が行われ、モリソン前首相が率いる与党・保守連合からの9年ぶりの政権交代を国民は選択。労働党のアルバニージー党首が首相に選出された。

5 2022年5月に行われたフィリピンの大統領選挙は、フェルディナンド・マルコス元上院議員が圧勝。麻薬撲滅作戦などドゥテルテ政権の路線をすべて否定する政策を打ち出した。

解答・解説

1 尹錫悦氏が所属するのは、保守系の最大野党「国民の力」。革新系の与党「共に民主党」の李在明氏を僅差で破って当選。

2 国連安全保障理事会の緊急会合では、中国とロシアが北朝鮮を擁護。

3 2022年7月に反政府デモが拡大、大統領が辞任の意向を示し、国外逃亡した国は、パキスタンではなくスリランカ。

4 妥当である。

5 麻薬撲滅作戦などドゥテルテ政権の路線を継承するとしている。

答え／4

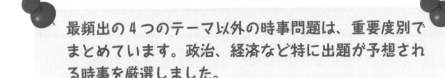

「重要度別テーマ」の攻略法

最頻出の4つのテーマ以外の時事問題は、重要度別でまとめています。政治、経済など特に出題が予想される時事を厳選しました。

● 過去問をチェック！

令和4年度の東京都ⅠＢで出題された時事問題を見てみましょう。

令和4年度特別区Ⅰ類

〔No. 38〕昨年6月に閣議決定された「まち・ひと・しごと創生基本方針2021」に関する記述として、妥当なのはどれか。

1. 地方創生の3つの視点である、「デジタル」、「グリーン」、「ファイナンス」に係る取組を、積極的に推進するとした。
2. 地方創生テレワークを推進するため、「地方創生テレワーク交付金」によるサテライトオフィス等の整備・利用を促進するとした。
3. 魅力ある地方大学を創出するため、地方の大学等による東京圏へのサテライトキャンパスの設置を抑制するとした。
4. 地域におけるDX（デジタル・トランスフォーメーション）を推進するため、地方公共団体の職員をデジタル専門人材として民間に派遣するとした。
5. 地方創生ＳＤＧｓ等の推進にあたり、地方が牽引すべき最重点事項として、各地域の自然環境を活かした生物多様性の保全・回復を掲げた。

　令和4年度に出された「まち・ひと・しごと創生基本方針2021」に関する問題です。日本の政治問題は近年確実に出題が見られるため、しっかり準備しておくべき内容になります。

解答・解説

1. 地方創生の3つの視点は「ヒューマン」「デジタル」、「グリーン」である。
2. 妥当である。
3. 地方の大学等による東京圏へのサテライトキャンパスの設置を推進するとした。
4. 民間のデジタル専門人材の市町村への派遣等を着実に推進するとした。
5. 地方創生SDGs等の推進にあたり、地方が牽引すべき最重点事項として各地域の自然環境を活かした生物多様性の保全・回復を掲げたのは「生物多様性地域連携促進法」。

● 傾向と対策

4大テーマ以外で出題される可能性が高い時事には、以下のテーマがあります。

> ・第二次岸田政権発足
>
> ・第26回参議院議員選挙
>
> ・2022年骨太の方針
>
> ・令和5年度税制改正大綱
>
> ・規制改革推進会議の答申

　国政選挙に関しては、選挙があった次の年の試験で出題されることが多いので、よく準備しておきましょう。

　政治に関しては、新政権の閣僚人事、岸田総理が掲げる新しい資本主義の下での成長戦略などの出題可能性が高くなります。

　経済については、新型コロナウイルス感染拡大にともなう経済対策の内容、国の一般会計予算、令和5年度の税制改正大綱についての出題が予想されます。

　日本の首相が関係する首脳会議も頻出テーマです。特に、岸田首相の首脳会議については出題可能性がさらに高くなります。

　注目された最高裁の判決や、ノーベル賞受賞者についても、かつてはよく出題されていた内容ですし、日本で選ばれた無形文化遺産も、要点を押さえておきましょう。

[No. 1] 昨年 8 月に行われた「第二次岸田改造内閣」に関する記述として妥当なのはどれか。

1　2022 年 8 月、岸田首相は第二次岸田改造内閣を発足し、首相は新内閣が「国民のために働く内閣」であることを主張し、経験と実力に富んだ新たな政権を発足させたと述べた。

2　新内閣で重点的に取り組む課題として、外交力の抜本強化、経済安全保障政策の推進、経済再生、新型コロナウイルス対策の対応強化、少子化対策強化という 5 つを挙げている。

3　首相は問題となっていた旧統一教会について、関係を点検し、見直すことを厳命し、それを了承した者のみを閣僚に任命したことを強調した。

4　新内閣の組閣では、党内最大派閥の安倍派を排除し、岸田首相が領袖である岸田派を多く起用した。

5　初入閣は 5 人、女性は 1 人であり、各派閥の要望に応じて「入閣待機組」中心の起用となった。

解答・解説

1　首相は新内閣が「政策断行内閣」であることを主張。

2　新内閣で重点的に取り組む 5 つの課題の一つは、外交力の抜本強化ではなく防衛力の抜本強化が正しい。

3　妥当である。

4　新内閣の組閣では、最大派閥の安倍派（清和会）など各派閥から起用することで挙党態勢を作った。

5　新内閣での初入閣は 9 人、女性は 2 人。

答え／3

予想問題・重要度別　▶▶▶▶▶▶▶

☑
☑
☑

[No. 2] 昨年7月に行われた「第26回参議院議員選挙」に関する記述として妥当なのはどれか。

1　選挙期間中の安倍元首相銃撃事件の衝撃が残る中、自民、公明両党は改選124議席の過半数に達しなかった。

2　憲法改正に前向きな自民党、公明党、日本維新の会、共産党の4党からなる「改憲勢力」は、今回の選挙で非改選とあわせ、憲法改正の国会発議に必要な参院の3分の2を維持した。

3　野党第1党の立憲民主党は、改選の23議席を上回り、野党第2党の日本維新の会は改選6議席から議席を減らした。

4　野党の協力が限定的だった今回の選挙では、自民党は32ある1人区について、前回の22議席を上回り28議席を獲得、与党に追い風に働いた理由の一つと考えられている。

5　今回の選挙で女性の当選は35人で、前回2019年と前々回2016年を下回り、当選者に占める女性比率も2019年比で減少し、過去最低となった。

解答・解説

1　自民、公明両党は改選124議席の過半数の63議席を確保して大勝。

2　「改憲勢力」は、憲法改正に前向きな自民党、公明党、日本維新の会、国民民主党の4党。

3　野党第1党の立憲民主党は17議席と改選の23議席を下回り、野党第2党の日本維新の会は改選6議席から12議席へと伸ばした。

4　妥当である。

5　女性の当選は35人で、前回2019年と前々回2016年を上回り、当選者に占める女性比率も2019年比増で過去最高となった。

答え／4

[No. 3] 昨年6月に発表された「経済財政運営と改革の基本方針（骨太の方針）」に関する記述として妥当なのはどれか。

1　骨太の方針では、ウクライナ危機などを踏まえ、防衛力を「3年以内に抜本的に強化する」と明記した。

2　成長戦略である「新しい資本主義」の柱の一つである人材への投資では、社会人の学び直し支援などに3年間で40億円規模を投じることを盛り込んでいる。

3　首相の掲げる「資産所得倍増プラン」は、貯蓄に偏る国民の金融資産を株式など投資にシフトさせるのがねらいで、少額投資非課税制度（iDeCo）の拡充や個人型確定拠出年金（NISA）の改革などを進める計画である。

4　安全保障では、G7諸国が国内総生産（GDP）の2％以上の国防予算を確保しようとしている状況を紹介、防衛費の増額方針を打ち出した。

5　財政健全化については、骨太の方針に国と地方の基礎的財政収支（プライマリーバランス）を2025年度に黒字化させるという目標年限の記載はされなかった。

解答・解説

1　骨太の方針では、ウクライナ危機などを踏まえ、防衛力を「5年以内に抜本的に強化する」と明記。

2　社会人の学び直し支援などに3年間で4000億円規模を投じることを盛り込んでいる。

3　少額投資非課税制度が「NISA」で個人型確定拠出年金が「iDeCo」。

4　北大西洋条約機構（NATO）諸国が国内総生産（GDP）の2％以上の国防予算を確保しようとしている状況を紹介。

5　妥当である。

答え／5

国際会議

法律

白書

国際

重要度別

【No. 4】 昨年 12 月に発表された「令和 5 年度の税制改正大綱」に関する記述として妥当なのはどれか。

1 30 歳未満の人が祖父母や親から教育目的で 1500 万円を上限に一括で贈与を受ける場合、贈与税が非課税になる優遇措置を 3 年間延長するとした。

2 結婚・出産費用を祖父母らから援助してもらう場合に、1000 万円を上限に贈与税を非課税としている措置については今回、延長しないこととしている。

3 今回の税制改正では、相続時精算課税制度については死後に合算する対象の期間を 3 年に拡大する方針である。

4 NISA の制度が恒久化されて期限は無期限になり、また投資枠の上限は最大 36 万円、非課税限度額 180 万円に引き上げられている。

5 富裕層への課税は緩和され、税の公平性の観点から 1 年間の総所得が 30 億円を超えるような富裕層のうち、非上場株など資産による所得が多い人を対象に、2025 年分の所得から課税を減らす方針を盛り込んでいる。

解答・解説

1 妥当である。

2 結婚・出産費用を祖父母らから援助してもらう場合に、贈与税を非課税としている措置を 2 年間延長するとしている。

3 死後に合算する対象の期間を 7 年に拡大する方針で、実質課税強化ということになる。

4 投資枠の上限は最大 360 万円、非課税限度額 1800 万円に引き上げられている。

5 非上場株など資産による所得が多い人を対象に、2025 年分の所得から追加の課税を始める方針を盛り込んでいる。

答え／1

[No. 5] 昨年５月に発表された、規制改革推進会議答申に関する記述として、妥当なのはどれか。

1　改革の重点分野として、スタートアップ・イノベーション、「人」への投資、医療・介護・感染症対策、地域産業活性化の４つの分野が挙げられている。

2　デジタルを活用した新規事業やベンチャー企業に対する支援では、法人設立の際に公証人が法人設立者らと対面手続きで定款を認証するという現行制度の負担軽減策を求めている。

3　近距離の物流サービスでは、バスと物流を兼業できる貨客混載も 2022 年度中に結論を出すよう求めている。

4　医療分野では、オンライン診療に一部残るアナログ規制の見直しのほか、コンビニエンスストアでの医療用医薬品販売にともなうオンライン服薬指導に関する規制緩和などを盛り込んでいる。

5　在宅医療で点滴薬剤の充填や交換、床ずれに薬を塗るといった行為を、医師の代わりに看護師が担えるようにできないか検討を求めている。

解答・解説

1　上記４つの分野に、「デジタル基盤」を加えた５つの分野が重点分野。

2　妥当である。

3　タクシーと物流を兼業できる貨客混載も、2022 年度中に結論を出すよう求めている。

4　コンビニエンスストアでの市販薬販売にともなう、オンライン服薬指導に関する規制緩和などを盛り込んでいる。

5　看護師の代わりに薬剤師が担えるようにできないか検討を求めている。

答え／２

予想問題・重要度別 ▶▶▶▶▶▶

☑
☑
☑

[No. 6] 昨年に行われた日本の首相が関連する首脳会談に関する記述として、妥当なのはどれか。

1 2022年5月、岸田首相はバイデン米大統領と会談し、岸田首相は「敵基地攻撃能力」の保有検討をバイデン大統領に約束した。

2 2022年5月、日米首脳会談では、バイデン大統領が新たな経済圏構想「インド太平洋経済枠組み（IPEF）」を設ける意義を強調したが、岸田首相はIPEFに参加する意向を保留した。

3 2022年10月、岸田首相は韓国の尹大統領と会談したが、元徴用工をめぐる問題については議論に上がらなかった。

4 2022年11月、岸田首相と中国の習国家主席が会談、岸田首相は中国による竹島周辺での活動や弾道ミサイル発射などの軍事的な活動について深刻な懸念を表明した。

5 岸田首相はドイツのショルツ首相と会談し、ロシアによるウクライナ侵攻に対し、国際社会が毅然と対応することの重要性を確認したが、中国を念頭に、東・南シナ海での力を背景とした一方的な現状変更の試みに対する姿勢では一致しなかった。

解答・解説

1 妥当である。

2 岸田首相もIPEFに参加する意向を示した。

3 元徴用工をめぐる問題について早期解決をはかることで一致した。

4 尖閣諸島周辺での活動や弾道ミサイル発射など軍事的な活動について深刻な懸念を表明。

5 中国を念頭に、東・南シナ海での力を背景とした一方的な現状変更の試みに反対することでも一致した。

答え／1

[No. 7] 昨年の日本政府の政策に関する記述として、妥当なのはどれか。

1 2022年12月、政府は2023年度から5年間の中期防衛力整備計画の防衛費総額を約43兆円とする方針を発表、この防衛費は従来の防衛費の1.1倍にあたる。

2 防衛費増額にともなう財源として、政府は歳出改革、決算剰余金の活用、国有資産の売却などによる税金以外の収入を活用した「防衛力強化資金（仮称）」の新設で対応するとした。

3 2022年4月、政府は原油高・物価高に対する緊急対策を決定、全世帯への給付金などに国費6兆2千億円をあてることを表明した。

4 原油高対策では、ガソリンの小売価格の目標を引き下げ、元売り各社への補助金も1リットルあたり35円に引き下げている。

5 2022年10月、政府は現行の健康保険証に加えて、マイナンバーカードと一体化した「マイナ保険証」も使えるようにすることを明らかにした。

解答・解説

1 約43兆円という防衛費は従来の防衛費の1.5倍にあたる。
2 妥当である。
3 全世帯でなく所得の低い子育て世帯への給付金が正しい。
4 ガソリンの元売り各社への補助金は、1リットルあたり最大35円に引き上げている。
5 政府は2024年秋に現行の健康保険証を廃止し、マイナンバーカードと一体化した「マイナ保険証」に切り替えることを明らかにした。

答え／2

予想問題・重要度別 ▶▶▶▶▶▶▶

[No. 8] 昨年の日本政府の政策に関する記述として、妥当なのはどれか。

1　2021年10月に岸田政権は、新型コロナウイルス対策、規制改革、国民を守り抜く外交・安全保障、危機管理の徹底、東日本大震災からの復興、国土強靱化、という5つの基本政策を打ち出している。

2　岸田政権の成長戦略として、2050年カーボンニュートラルと、2030年度の温室効果ガス26%排出削減の実現に向けて、再生可能エネルギー導入のための規制見直しが挙げられている。

3　岸田政権での分配戦略に、看護・介護・保育・幼児教育などの分野において、国が率先して給与を引き上げることが示されている。

4　2022年10月、旅行代金の割引を受けられる「全国旅行支援」が開始。2020年に行われた「Go To トラベル」との違いは、「全国旅行支援」は国が事業の実施主体である点である。

5　2022年5月、「教育未来創造会議」は、低所得層の大学生を援助している国の修学支援制度を見直し、支援の対象を国立大学の学生に限って全学生に拡充する第1次提言を発表した。

解答・解説

1　「規制改革」ではなく「新しい資本主義」の実現が5つの基本政策の一つ。

2　日本政府における2030年度の温室効果ガスの排出削減目標は46%。

3　妥当である。

4　「Go To トラベル」の事業の実施主体は国だったが、全国旅行支援は都道府県。

5　支援の対象を中間所得層の学生に拡充することを柱とする提言。

答え／3

[No. 9] 昨年の日本の経済状況に関する記述として、妥当なのはどれか。

1　2021年の実質GDP成長率は2.1％と、3年ぶりにプラスに転じている。

2　ロシアがウクライナ侵攻や日米間の金利差による円安・ドル高にともなう輸入物価の高騰といった要因によってデフレが進んだ。

3　国の2023年度一般会計予算案が、2022年12月に閣議決定、一般会計の歳出総額は約114兆円と初めて100兆円を超え、11年連続で過去最大を更新した。

4　国債の新規発行は2022年度の36.9兆円から減って35兆円台半ばとなる見通しで、歳入の1割を国債に頼る状況は変わっていない。

5　2021年の国際収支統計の経常収支は、貿易・サービス収支の赤字幅の拡大が影響し、15兆4,877億円と4年連続で黒字幅が拡大した。

解答・解説

1　妥当である。

2　コストプッシュ型のインフレが進んだ。

3　一般会計の歳出総額は約114兆円と、100兆円超えは5年連続で、11年連続で過去最大を更新。

4　国債の新規発行は2022年度の36.9兆円から減って35兆円台半ばとなる見通しだが、これは歳入の3割にあたる規模である。

5　2021年の国際収支統計の経常収支は15兆4,877億円と、4年連続で黒字幅が縮小した。

答え／1

[No. 10] 近年のFTA（自由貿易協定）とEPA（経済連携協定）に関する記述として、妥当なのはどれか。

1　日本は、2022年12月末時点でASEANを中心とした21の国・地域との間でFTAが発効している。

2　日本がEPA交渉で注力していた、中国、韓国、インド、ASEAN諸国など計15カ国による東アジア地域包括的経済連携協定（RCEP）は、2022年1月に発効した。

3　RCEPの全参加国で発効すれば、世界の人口の約3割、GDPで最終的に約2割をカバーする巨大な自由貿易圏が誕生することになる。

4　RCEPは日本にとっては、最大の貿易相手国である韓国と第3位のASEANとの間で結ぶ、初めての経済連携協定となる。

5　2021年1月には、EUを離脱したイギリスとの間で日英包括的EPAが発効。日EU間のEPAを土台にしており、デジタル分野のビジネスや人材交流の活発化を重要課題としている。

解答・解説

1　日本は、2022年12月末時点で、ASEANを中心とした21の国・地域との間で、FTAではなくEPAが発効。

2　RCEPにインドは参加していない。

3　世界の人口の約半分、GDPで最終的に約3割をカバーする巨大な自由貿易圏が誕生する。

4　日本にとっては、最大の貿易相手国である中国と第3位の韓国との間で結ぶ、初めての経済貿易協定。

5　妥当である。

答え／5

☐
☐　**[No. 11]** 昨年の国際的な出来事に関する記述として、妥当なのはど
☐　れか。

1　2022年10月、南米ブラジルの大統領選挙の決選投票は、現職の
ボルソナロ大統領が当選。ブラジル各地で選挙結果を認めない元大
統領のルーラ氏支持者の抗議活動が続いた。

2　2022年11月に行われたイスラエル総選挙は、ネタニヤフ元首相
の「リクード」や同首相支持派の右派勢力が過半数を獲得して勝利。
ネタニヤフ氏は、約1年5カ月ぶりの首相への復帰となった。

3　2022年6月、コロンビアで大統領選の決選投票が行われ、右派の
グスタボ・ペトロ元ボゴタ市長が勝利。コロンビアではこれまで左
派や中道左派が政権を担っており、初の右派政権となった。

4　2022年7月、バイデン米大統領はパレスチナ自治政府のアッバス
議長と会談、バイデン大統領はパレスチナ国家樹立を認めないこと
を改めて表明した。

5　2022年12月、生物多様性条約第15回締約国会議がカナダで開
催され、2030年までの世界の新たな目標「パリ協定」が採択された。

解答・解説

1　かつて左派政権を率いたルーラ元大統領が当選。

2　妥当である。

3　左派のグスタボ・ペトロ元ボゴタ市長が勝利。コロンビアではこれ
まで右派や中道右派が政権を担っており、初の左派政権となった。

4　バイデン大統領はパレスチナ国家樹立を前提とする「2国家共存」
への支持を改めて表明。

5　2030年までの世界の新たな目標「昆明モントリオール目標」を採択。

答え／2

☑
☑
☑

[No. 12] 昨年の社会や文化の出来事に関する記述として、妥当なのはどれか。

1　2022年11月、全国から踊り手が集う 郡上踊 など、41件の伝統的な盆踊りや念仏踊りで構成される「風流踊」が、国連の機関であるFAOの無形文化遺産に登録されることになった。

2　2022年5月、海外に住む日本人が最高裁裁判官の国民審査に投票できないのは憲法違反かどうかが争われた訴訟で、最高裁大法廷は現行の国民審査法を「合憲」であると初めて判断した。

3　2022年のノーベル化学賞は、「クリックケミストリー」と呼ばれる手法の開発などに携わった米大学の研究者など3人が受賞。そのうちの一人のベルトッツィ教授は、名古屋大学の関係者が創設した国際賞「名古屋メダル」のゴールドメダルを受賞していた。

4　2022年11月、「風流踊」が無形文化遺産として日本で初めて登録されることになった。

5　2021年の合計特殊出生率は1.30で、前年より0.03ポイントと6年連続で上昇し、過去4番目の高水準となった。

解答・解説

1　無形文化遺産はFAO（国際連合食糧農業機関）ではなくユネスコの事業。

2　現行の国民審査法を「違憲」であると初めて判断した。

3　妥当である。

4　日本の無形文化遺産としては、能楽や歌舞伎、和食、和紙などがすでにあり、今回の風流踊を除いて22件が登録されていた。

5　合計特殊出生率は1.30で、6年連続で低下し、過去4番目の低水準となった。

答え／3

国際会議・法律・白書・国際・**重要度別**

編著／コンテンツ

資格系の書籍の編集・執筆を行う、編集者および資格
予備校の講師らによるエキスパート集団。特に地方公
務員試験対策のテキストや問題集の編集・執筆では定
評があり、手がけた書籍も多数にのぼる。

企画編集：コンテンツ
執　　筆：小山克彦、藤井健二、高田治
　　　　　三島隆
Ｄ Ｔ Ｐ：四面道 studio
図版イラスト：中野孝信

令和5年度版　地方公務員試験　東京都・特別区のパーフェクト時事

2023年2月1日　初版第1刷発行

編　著　コンテンツ
発行所　コンテンツ
　　　　〒190-0011 東京都立川市高松町2-9-21　F本社ビル
　　　　TEL：042-843-0752　FAX：042-843-0753
発行人　萩谷成人
発売所　株式会社星雲社（共同出版社・流通責任出版社）
　　　　〒112-0005 東京都文京区水道1-3-30
　　　　TEL：03-3868-3275　FAX：03-3868-6588

印刷・製本　シナノ パブリッシング プレス

ISBN978-4-434-31641-8　C1030
定価 本体1430円（本体1300円＋税10%）